CB079423

Mentes geniais

Mario de la Piedra Walter

Mentes geniais

Como funciona o cérebro dos artistas

tradução
Silvia Massimini Felix

todavia

Para José Mario, Santa e Ana Sofía, de quem nenhum oceano me separa

Cada livro é obediência a uma obsessão
que buscava se esgotar.

Juan Gelman

Introdução
Das pedras às telas

Homo sum, humani nihil a me alienum puto.
[Sou homem, e nada do que é humano me é estranho.]

Públio Terêncio Afro

A diferença entre a mente do homem e a dos animais superiores, por maior que seja, é certamente de grau e não de espécie.

Charles Darwin, *A origem do homem*, 1871

Homo aestheticus: O seixo de Makapansgat

Ao norte da província sul-africana de Limpopo, no vale de Makapansgat, um professor rural entra em uma caverna de dolerito. Wilfred Eitzman, que ensina ciências e matemática na localidade de Mokopane, coleta pedras para mostrar a seus alunos. Apenas cinco anos antes, em 1920, uma mineradora estrangeira escavou o interior da caverna em busca de calcário e, sem querer, reabriu a passagem para uma galeria desabada. Vários minerais emergem dos escombros, e Eitzman os pega como se fosse época de colheita, mesmo sem conseguir nomear todos eles. Ao longo dos anos, ele acumulou uma coleção admirável que, além de pedras afiadas, contém ossos e crânios de animais. Uma pedra de cor marrom-avermelhada que contrasta com a aspereza lunar do granito de repente chama a sua atenção. Trata-se de uma pedra de jaspe. Ele a segura entre os dedos como se fosse uma bola de gude. Ao girá-la, tem a impressão de que a pequena pedra o observa de todos os ângulos. Dois círculos côncavos encaram seu olhar, e seus lábios repetem a careta indiferente esculpida na pedra. Depois de assistir a uma conferência em uma universidade de Joanesburgo, Eitzman compartilha suas descobertas com o professor Raymond Dart, que examina detalhadamente os mais de cinquenta crânios recolhidos por Eitzman, bem como o misterioso seixo castanho.

O seixo de Makapansgat, ou seixo das Caras, reflete de modo grosseiro dois rostos, dependendo do lado por onde se olha. Considerando seus padrões quase humanos, Dart intuiu que essa pedra de 260 gramas, com cerca de 3 milhões de anos, poderia ser o primeiro objeto artístico feito por humanos. Ele levou quase cinquenta anos para determinar se as cavidades no seixo eram resultado de intervenção humana ou deformações naturais. Em seu veredito, Dart estipulou que tanto as órbitas quanto a careta eram resultado de desgaste causado pela água.[1] No entanto, concluiu que as marcas ao seu redor foram feitas

Seixo de Makapansgat
(*c.* 3 000 000 a.C.) visto de frente.

por um indivíduo que não podemos chamar de humano. Os fósseis enviados por Eitzman pertenciam ao *Australopithecus africanus*, um dos primeiros hominídeos que vagaram pela África entre 2 milhões e 4 milhões de anos atrás.

A razão pela qual vemos rostos humanos reside na pareidolia, um fenômeno pelo qual o cérebro atribui características faciais a objetos inanimados e sem o qual muitas interações nas redes sociais não teriam sentido :-). O giro fusiforme, uma circunvolução dos lobos temporal e occipital do cérebro, é responsável por processar a informação visual e integrá-la a outras regiões que recebem informações dos demais sentidos. Em sua superfície lateral, particularmente no hemisfério direito do cérebro, uma estrutura conhecida como área facial fusiforme (AFF) é especializada no reconhecimento dos rostos. Todos os animais gregários devem ser capazes de identificar, em maior ou menor grau, os membros de seu grupo. O ser humano, que vive em estruturas sociais complexas, possui uma capacidade extraordinária que lhe permite reconhecer até 5 mil rostos diferentes.[2] Uma lesão na área mencionada, como uma hemorragia ou um infarto cerebral, causa prosopagnosia, um distúrbio pelo qual o indivíduo afetado é incapaz de reconhecer até mesmo seus entes mais queridos.[3] Por sua vez, o fenômeno da pareidolia ocorre quando um estímulo não facial ativa a área fusiforme e suas conexões com outras regiões, como o lobo occipital, que integra a informação visual, e o lobo pré-frontal, que medeia processos cognitivos mais abstratos, como as representações mentais.[4]

Embora a pedra de Makapansgat não tenha sido fabricada por um ser humano, o local onde ela foi encontrada — entre os restos de mais de quarenta *Australopithecus* — conta uma história ainda mais fascinante. O jaspe vermelho, o mineral que compõe o seixo, é um mineral que só é encontrado a mais de trinta quilômetros da caverna. Ou seja, há 3 milhões de anos, um espantado hominídeo primigênio pegou a pedra, que bem poderia refletir o rosto de sua espécie, e caminhou vários quilômetros vale abaixo segurando-a. Não podemos saber o que ele viu nesse pedaço de granito, assim como não podemos saber se o sentimento era compartilhado por seus semelhantes, mas ela deve ter despertado algo nele, para que entrasse na caverna com a pedra e a conservasse até sua morte. Além de ossos e dentes de outros animais, na caverna não há registro de objetos feitos à mão. No entanto, o seixo de Makapansgat pode ser a evidência mais antiga de um senso estético na linhagem dos hominídeos. Robert Bednarik, antropólogo especialista em evolução humana, aponta que esse objeto é evidência de um comportamento significativamente mais complexo, em um sentido cultural e cognitivo, do que o de qualquer outro primata não humano existente.[5]

O fato de dois rostos aparecerem no seixo de Makapansgat é muito significativo. Na mitologia romana, Janus era o deus do começo e do fim. Como uma porta que se abre dos dois lados, era representado com duas faces olhando em direções opostas. De seu nome vem janeiro, o mês que fecha e abre o ano. Também é o deus da transição, o guardião dos umbrais. A pedra avermelhada olha para dois extremos do tempo, o antes e o depois de um tipo de consciência. Olha para a longa jornada dos hominídeos até chegar ao ser humano, ao primeiro indivíduo que quis deixar sua marca sobre a Terra.

De andar eretos a decorar paredes

O termo *Homo sapiens* foi cunhado por Carl Linnaeus,[6] o pai da taxonomia, em 1758 para se referir ao humano moderno. Vem do latim *homo*, que significa “homem”, e *sapiens*, que significa “sábio”. Além de mostrar que tanto na ciência quanto na arte as mulheres foram excluídas dos termos universais, revela nossa obsessão de nos considerarmos superiores aos outros animais.

Na ausência de força, velocidade ou resistência, nossa capacidade mental é o dom divino que nos eleva acima das outras criaturas. Música, arte e linguagem são os pilares do mito de nossa singularidade. Entretanto, cem anos depois de Lineu ter definido o homem taxonomicamente, Charles Darwin publicaria *A origem das espécies*, um sopro feroz no castelo de cartas.

Cerca de 10 milhões de anos atrás, a família *Hominidae* ou de "grandes primatas" foi subdividida em duas subfamílias: *Gorillini*, que hoje inclui apenas duas espécies de gorilas, e *Homini*. Esta última se ramificou entre 4 milhões e 8 milhões de anos atrás no gênero *Pan*, do qual apenas os chimpanzés e os bonobos sobrevivem, e no gênero *Homo*, do qual apenas nós permanecemos. Compartilhamos mais de 96% de nossa sequência de DNA com os chimpanzés, nossos parentes mais próximos, embora essa pequena porcentagem restante derive em outro universo.[7]

Em algum ponto entre o Plioceno e o início do Pleistoceno, entre 3 milhões e 4 milhões de anos atrás, o *Australopithecus* surgiu na savana africana e deu o primeiro passo em direção à humanidade. Os ramos da árvore se diversificaram em espécies como o *Kenyanthropus platyops*, responsável pelo uso das primeiras ferramentas simples de pedra,[8] o *Homo habilis*, que fabricou seus próprios utensílios, e o *Homo erectus*, o primeiro hominídeo a migrar para fora do continente africano, há 2 milhões de anos.[9] Na Eurásia, 430 mil anos atrás, o *Homo neanderthalensis* se expandiu como nenhum outro hominídeo havia feito até então. Enquanto os neandertais fabricavam as primeiras ferramentas complexas na Ásia e na Europa, há 300 mil anos, em algum lugar da África Oriental ou Central surgiu uma nova espécie de hominídeo: o *Homo sapiens*.[10] No entanto, foi somente há 80 mil anos que nossa espécie se estabeleceu permanentemente fora da África.[11] Por pelo menos 20 mil anos, os humanos modernos e os neandertais compartilharam território na Eurásia, até que, por competição ou hibridização, estes últimos foram extintos há 40 mil anos.[12] Embora outras espécies possam ter sobrevivido em lugares isolados por vários milhares de anos, como no caso do *Homo floresiensis* — o verdadeiro *hobbit* —, desde então os humanos foram o único ramo sobrevivente do gênero *Homo*.

Embora muitas adaptações da evolução humana sejam observáveis em fósseis, como a transição para o bipedalismo, é quase impossível delinear com precisão a evolução do pensamento. Os tecidos moles das estruturas que compõem o cérebro não fossilizam; portanto, além de moldes feitos a partir do formato de crânios, não há registros de nosso desenvolvimento cognitivo. Apesar disso, algumas características específicas foram descritas na organização cerebral, como o tamanho do cérebro, o tamanho relativo do neocórtex, a assimetria dos dois hemisférios e a expressão dos genes que deram origem ao cérebro moderno. O tamanho, porém, não parece ser tão decisivo para estabelecer diferenças; afinal, os neandertais tinham uma capacidade craniana maior do que os humanos modernos (1500 contra 1300 centímetros cúbicos).[13] Em vez disso, foram pequenas mudanças na microarquitetura cerebral, como a expressão dos genes que regulam o metabolismo das células que dão suporte aos neurônios (astrócitos), que levaram a formas mais eficientes de processar informações e, com isso, a uma verdadeira revolução cognitiva.[14]

Na ausência de fósseis neuroanatômicos, os resíduos materiais são nossa janela para a mente desses hominídeos. Seja avaliando o desenvolvimento de utensílios de pedra ou seus padrões de caça, é apenas indiretamente que estimamos a maneira como os primeiros humanos pensavam. A criação de objetos artísticos parece ser a medida do salto cognitivo em direção ao pensamento abstrato. Até o momento, as evidências arqueológicas indicam que apenas o *Homo sapiens* desenvolveu um pensamento simbólico complexo, incluindo a fabricação de objetos ornamentais e pinturas rupestres. Mas nas últimas décadas foram encontrados artefatos neandertais, como decorações e corantes em ferramentas de osso, que podem refutar esse paradigma.[15] Independentemente da espécie, a arte não figurativa só surgiu entre 65 mil e 75 mil anos atrás. Ou seja, durante a maior parte de nossa história evolutiva não houve um grande dinamismo em nosso pensamento. Até a arte figurativa, mais recente, nasceu de forma esporádica, em diferentes épocas e lugares, e de um modo muito rudimentar. Em um período muito curto de tempo e provavelmente motivado por mudanças em nossas redes neurais, o ser humano de repente experimentou um florescimento mental sem precedentes que coincide com o surgimento da linguagem.

Tanto nos humanos modernos quanto nos neandertais, há uma variante genética única que os distingue de outros animais: o gene FOXP2.[16] Conservado na maioria dos mamíferos, com sequências de aminoácidos idênticas em macacos, gorilas e chimpanzés, nos humanos ele apresenta uma mutação que afeta dois aminoácidos e que parece desempenhar um papel fundamental no desenvolvimento da linguagem. Assim, defeitos nesse gene produzem dispraxia verbal, uma incapacidade do cérebro de coordenar os movimentos dos lábios, da mandíbula e da língua, o que causa problemas de articulação e pronúncia em idade muito precoce. Além disso, sua disfunção está associada a uma deficiência generalizada nas habilidades motoras e a problemas de socialização.[17] Esse e outros genes que regulam a neuroplasticidade, a capacidade do cérebro de gerar novas conexões, espalharam a centelha do pensamento simbólico.

A arte figurativa, que surgiu no Paleolítico Superior há quase 40 mil anos, representa um marco cognitivo. Para alguns autores, ela define o verdadeiro homem moderno, não por sua anatomia, mas por suas capacidades mentais. Ferramentas entalhadas, colares, joias e brincos, pequenas esculturas e até instrumentos musicais compõem os primeiros registros dos incipientes ritos e tradições.[18] Os achados no sul da Alemanha do Löwenmensch, a estatueta de um homem com cabeça de leão, e da Vênus de Hohle Fels, uma figura feminina esculpida em marfim de mamute, anunciam um senso estético complexo e um prelúdio ao pensamento mágico, a fonte da ficção.[19]

No entanto, de todas as manifestações artísticas, as pinturas rupestres são, sem dúvida, a primeira coisa que povoa nosso imaginário quando falamos de arte paleolítica. Até recentemente, acreditava-se que a pintura não figurativa mais antiga, composta de símbolos como pontos e linhas, havia sido feita por neandertais no sul da Península Ibérica há 65 mil anos.[20] Contudo, na caverna de Blombos, na África do Sul, foram encontrados desenhos abstratos feitos há mais de 73 mil anos por *Homo sapiens*.

Com a descoberta de cavernas como Altamira, em meados do século XIX, na Espanha, ou Lascaux, em meados do século XX, na França, parecia claro que processos cognitivos complexos, como a representação de objetos, surgiram entre 15 mil e 18 mil anos atrás.[21] Mas, novamente, ao sul da ilha de Celebes, no arquipélago indonésio, descobriu-se o que é considerado até hoje o exemplo mais antigo de arte figurativa do mundo. Pintada há pelo menos 51 200 anos, essa composição — que demoliu a noção de que a arte paleolítica complexa surgiu no sul da Europa — mostra três figuras humanas interagindo com um porco selvagem: nosso primeiro relato.[22]

Pintura em movimento: Arte moderna pré-histórica

Em uma manhã de inverno de 1994, Jean-Marie Chauvet conduz seus amigos Éliette Brunel e Christian Hillaire pelo vale de Ardèche, no sul da França. As férias de Natal estão se aproximando e com elas os compromissos familiares e as resoluções de Ano-Novo, por isso naquele domingo, 18 de dezembro, ocorrerá a última excursão do ano.

Eles se decidem por uma nova rota; nesse fim de semana não houve geada e é possível caminhar perto dos penhascos. Depois de um longo dia explorando várias cavernas, eles decidem voltar para a estrada principal em direção aos seus carros. De repente, uma brisa fria emerge dentre as rochas, como se a montanha estivesse respirando. O sol já se pôs e a sombra das árvores tece o que será a noite. Sem hesitar, eles começam a remover as pedras e, para sua surpresa, descobrem uma passagem estreita para o interior da montanha. A excitação vence o bom senso, então eles pegam cordas e lanternas em seus veículos e voltam para o local. Entram na caverna sob a luz de uma lua fraca e descobrem que a gruta contém diferentes vestíbulos. Tomam cuidado para não pisar nos ossos de animais espalhados no chão ou tocar no que parecem ser restos congelados de uma fogueira. Éliette para quando percebe que toda a parede está coberta de ocre, um pigmento mineral de tom avermelhado. Ilumina o topo da abóbada com sua lanterna e a nitidez das rochas não corta o espanto em sua voz quando exclama: "Estiveram aqui!".[23]

A caverna de Chauvet, considerada por muitos a primeira obra-prima da humanidade, é na verdade um conjunto de seis câmaras que ocupam quase quatrocentos metros. A maioria delas contém pinturas rupestres de animais que foram extintos após a última Era Glacial, como rinocerontes lanudos, mamutes, veados gigantes e tigres dentes-de-sabre. Esses primeiros artistas selecionaram cuidadosamente seu espaço de trabalho, demonstrando total intencionalidade em sua obra. Também usaram técnicas diferentes dependendo do tipo de desenho e dividiram a caverna em duas seções principais: a de pinturas avermelhadas e a dos esboços gravados com carvão. São mais de mil desenhos, que incluem figuras geométricas e silhuetas de mãos, além de quatrocentas representações de animais; os mais antigos datam de 37 mil anos, o dobro dos descobertos até então. Os artistas paleolíticos continuaram a desenhar nas paredes da caverna até que a entrada desabou há 20 mil anos.[24]

Na câmara principal, com setenta metros de diâmetro e quase dezessete metros de altura, encontramos o painel do Leão, a Capela Sistina do Paleolítico. Nele, retrata-se uma caçada do que parece ser uma grande manada desses animais. Mais de uma dezena de cabeças felinas aponta para um grupo de bisões, embora, caso se olhe com atenção, revele algo diferente. As cabeças dos leões, que geralmente caçam em grupos menores, estão sobrepostas e, à medida que se movem pelo painel da direita para a esquerda, em direção aos bisões, seu perfil vai se elevando. Não se trata, portanto, de um grupo grande, mas sim de alguns indivíduos se aproximando de suas presas.

Ao contrário das pinturas rupestres criadas pelos neandertais, esses desenhos sugerem um salto imaginativo sem precedentes: a representação da perspectiva e do movimento.[25] Cabeças de predadores que se erguem do chão e se concentram em suas vítimas, bisões que galopam representados com oito patas, tudo parece ser a tentativa desesperada do artista de libertar suas criaturas da parede estática da caverna. Por meio da sobreposição de imagens e do uso de relevos rochosos, esses artistas não apenas capturaram movimento, mas também adicionaram uma sensação de tridimensionalidade. No resplendor das velas primigênias, a grande caverna, com seu jogo de luz e sombra, pode ter refletido os animais em pleno movimento. Só podemos imaginar esses indivíduos cercados por pinturas e imersos em seu próprio relato. Em seu extraordinário documentário *A caverna dos sonhos esquecidos*, Werner Herzog postula que a caverna de Chauvet abrigou a primeira experiência cinematográfica da humanidade.

Em outras partes da caverna, pode-se ver rinocerontes com sete chifres e veados com o dobro de pernas, todos sobrepostos

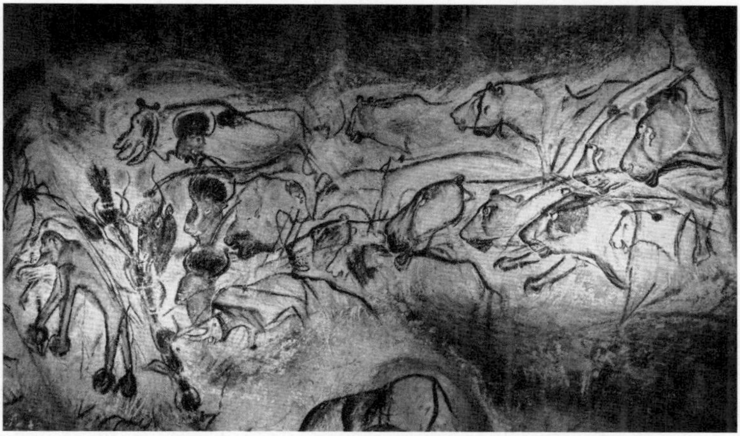

O painel do Leão (*c.* 36 000 a.C.), o último
da caverna de Chauvet-Pont d'Arc.

para criar a ilusão de fluidez por meio da repetição. Levaria cerca de 35 mil anos para que outros artistas tentassem capturar o movimento usando essa técnica e se autodenominassem vanguardistas. No início do século XX, o pintor francês Marcel Duchamp apresentou *Nu descendo uma escada, nº 2*, inspirado na cronofotografia e em outros precursores da cinematografia. "Minha intenção era fazer uma representação estática do movimento, uma composição estática de indicações de várias posições tomadas por uma forma em movimento",[26] ele comentou enquanto era destroçado pelos críticos. Com o tempo, essa obra se tornaria um dos grandes expoentes da arte moderna.

As cavernas do Paleolítico Superior não são muito diferentes do estúdio de um artista; são lugares de experimentação e criatividade. Por milhares de anos, gerações de humanos se aventuraram na escuridão fria da caverna apenas para perceber que o mundo exterior não era suficiente para eles. Seja por motivos rituais ou pelo prazer de contar histórias, a semente da ficção germinou nessas rachaduras e floresceu em todos os cantos do mundo. É irônico que, dezenas de milhares de anos depois, a sociedade questione o valor da arte, quando em todas as áreas é ela que define nossa espécie.

Arte, neurociência e este livro

Os pensamentos desses primeiros artistas estão ocultos de nós pelas cortinas do tempo. No entanto, ao olhar para os restos de suas obras, não podemos deixar de sentir uma profunda conexão com elas. Afinal, não há diferenças entre o cérebro deles e o nosso. Citando um escravo amazigh do norte da África, Terêncio Afro (ou seja, o Africano), que conquistou a liberdade em Roma por suas qualidades como escritor há mais de dois séculos: "Sou humano, e nada do que é humano me é estranho", podemos inferir que esse grupo de pessoas sentia os mesmos medos, amava da mesma maneira e se fazia as mesmas perguntas. O mundo, talvez um pouco maior e mais estranho, era igualmente prodigioso e digno de ser representado. Pintar um homem ou um animal em uma pedra, em vez de copiar a realidade, é nos aceitar como observadores, admitir que há uma separação entre o eu e tudo que me rodeia. Foram esses primeiros esboços que definiram nosso lugar na Terra.

Limitado por nossos sentidos, o cérebro constrói a realidade a partir das informações filtradas que recebe do exterior. Nós reinterpretamos constantemente o mundo, e o ramo da ciência que estuda esse processo é conhecido como neurociência. Da mesma forma, a arte não é um retrato fiel disso, mas de como o percebemos. Seja por meio da pintura, da música ou da poesia, ela serve como uma interpretação do que acontece ao nosso redor, é um artefato que lança luz sobre nossos processos mentais e molda o que expressamos como seres humanos.

Estas páginas podem ser lidas de duas perspectivas: como um livro de neurociência que fala sobre arte ou como um livro de arte que fala sobre neurociência. Sua intenção, além de entreter, é oferecer uma visão mais ampla dos diferentes processos cognitivos e do que entendemos por arte. É uma espécie de jornada das pinturas ocres nas profundezas de uma caverna aos desenhos a carvão e sangue em um hospital psiquiátrico na fronteira sul da Califórnia; desde a arte wixárika, espalhando-se como um fractal pelo deserto mexicano, até a arte degenerada ardendo nas fogueiras durante o regime nazista. Trata-se de um questionamento sobre a relação entre processos mentais, doença e arte que inclui escritores como Fiódor Dostoiévski, Jorge Luis Borges, Sylvia Plath, Virginia Woolf e Anne Sexton; pintores como Wassily Kandinsky, Remedios Varo, Otto Dix, Frida Kahlo e Leonora Carrington; artistas aclamados como Andy Warhol e Franz Liszt, mas também artistas marginalizados como Martín Ramírez e, em sua época, Vincent van Gogh. Investiga doenças como epilepsia, esquizofrenia, transtorno bipolar, derrame e transtorno de estresse pós-traumático, enfermidades que foram ao mesmo tempo material artístico e uma faca de dois gumes. Explora condições como a sinestesia, que permite ver a música e sentir o gosto das cores, os efeitos dos psicodélicos, os mecanismos da memória e do esquecimento, a gênese dos sonhos e os processos cerebrais da depressão e do suicídio. Aborda a ficção como ferramenta evolutiva, o mito do gênio atormentado e o valor do artista na era da inteligência artificial. Para todos aqueles que veem a poesia do mundo na ciência e quiserem ler um de seus versos, este livro deseja ser um mergulho no cérebro de artistas em busca da origem de sua genialidade.

I.

A linguagem dos deuses

Arte wixárika, os psicodélicos e a promessa de um mundo feliz

Se as portas da percepção fossem limpas, tudo apareceria ao homem tal como é: infinito.

William Blake

Cosmovisão e arte wixárika

Na hora azul, o vento assobia entre as colinas e arrasta consigo um murmúrio das montanhas que se enrosca no centro de um círculo marcado com pedras. O céu sacode as nuvens que vão se acumulando no horizonte. Uma águia-real que voa baixo suspende sua caça para observar as pessoas que se aglomeram sobre o pequeno monte. Vestem trajes chamativos, roupas brancas resplandecentes com bordados multicoloridos que contrastam com o semideserto que se estende além do Cerro del Quemado. As mulheres usam um *kutuni*, blusa curta que termina na cintura, e um *ihui*, saia longa que floresce até os tornozelos. Os homens vestem uma *kamirra*, camisa longa com as laterais abertas, e uma calça larga ajustada na cintura por um *kuyame*. De seus chapéus pendem bolas de lã que dançam no compasso dos chocalhos. Não importam os mais de quatrocentos quilômetros acumulados nas panturrilhas dos wixaritari; todos dançam olhando para o céu enquanto saúdam Tayeupa, o Pai Sol, que, por trás das montanhas, se prepara para a batalha contra a noite. Estão no centro do universo, o lugar onde o mundo começou, onde os deuses e os espíritos ancestrais habitam cada pedra, cada planta e cada olho-d'água.

O *mara'akáme* agita as duas longas penas que pendem de sua vara cerimonial para se comunicar com eles. Os demais wixaritari mastigam as cabeças dos *hi'ikuri* que recolheram durante a peregrinação pelo deserto enquanto acendem a fogueira. Invocam Tatewarí, o Avô Fogo, e agradecem às divindades pela boa colheita: a Nakawé, a Mãe Água e mãe de todos os deuses; a Yurienaka, a Mãe Terra; e a Otwanka, que lhes deu o milho. Fazem as últimas oferendas antes de empreender o longo caminho de volta com a cesta de junco transbordando do amargo *hi'ikuri*, que levam para aqueles que esperam em casa, os que não puderam fazer a viagem. Se tiverem sorte, no próximo ano retornarão a Wirikuta, se ainda não tiver desaparecido, se outros deuses — para eles desconhecidos — não lhes tiverem esvaziado as entranhas.

O consumo de substâncias psicoativas de forma ritual ou recreativa é provavelmente tão antigo quanto o próprio ser humano. A dieta paleolítica de nossos ancestrais hominídeos — assim como a de outros 22 primatas conhecidos atualmente — incluía espécies de cogumelos sem valor nutricional, mas com a capacidade de intervir na homeostase do corpo, no controle de parasitas intestinais e na cicatrização de feridas. Amostras de cálculo dental em restos humanos do Paleolítico Superior (40 000-10 000 a.C.) apresentam vestígios de cogumelos comestíveis e plantas medicinais. É improvável que nossos antepassados não tenham consumido as variedades de cogumelos psilocibinos (alucinógenos) espalhadas por todos os continentes.[1] Assim como em muitas culturas atuais, seu consumo provavelmente combinava fins medicinais e cerimoniais. Há evidências da celebração de rituais com plantas, cogumelos e até animais há mais de 10 mil anos.[2] Esculturas em formato de cogumelos e pequenos centros cerimoniais espalhados pela América do Norte revelam o culto aos seus efeitos alucinógenos. Em nauatle, por exemplo, os cogumelos com propriedades psicoativas são conhecidos como *teonanácatl*, "a carne dos deuses".

Hoje em dia, o consumo de plantas alucinógenas continua sendo central na cosmogonia de muitas culturas. Uma das mais difundidas é a cultura wixárika, erroneamente chamada de *huichol*, composta de um grupo de comunidades distribuídas pela Sierra Madre Ocidental mexicana, em estados como Jalisco, Zacatecas, Nayarit e Durango.

Na cosmovisão wixárika, existem cinco lugares sagrados que mantêm uma relação profunda com a criação do universo: Tatéi Haramara ("onde o sol morre"), Wirikuta ("onde o sol renasce"), Xapawiyeme-Xapawiyemeta ("morada da Mãe Chuva"), Hauxa Manaká ("o lugar da madeira flutuante") e Tee'kata ("o coração do território wixárika"). Os quatro primeiros, além de estarem associados aos pontos cardeais, representam quatro divindades e se unem em um quinto ponto central, a conexão entre a terra e o céu, o lugar do fogo primordial. Juntos, formam uma cruz romboide ou *tzikuri*, que se repete em sua simbologia. Também conhecido como Olho de Deus quando confeccionado com madeira entrelaçada com lã, é um instrumento que permite aos wixaritari compreender o desconhecido. Faz parte do *Niérika* ("dom de ver"), uma ferramenta ritual para conhecer o estado oculto das coisas.[3]

Por meio de festas e rituais celebrados nesses locais ao longo do ano, o povo wixárika se encarrega de manter o equilíbrio natural entre as forças do mundo. Emulando os grandes caçadores de seus mitos fundacionais, eles peregrinam uma vez por ano à região de Wirikuta para realizar oferendas em um trajeto conhecido como *nana'iyary*, "o caminho do coração".[4]

No percurso até Wirikuta, próximo ao povoado mineiro Real de Catorce, em San Luis Potosí, cresce um cacto endêmico com propriedades psicodélicas conhecido como peiote (*Lophophora williamsii*), ou, em sua língua, *hi'kuri*. Por seus efeitos, é utilizado

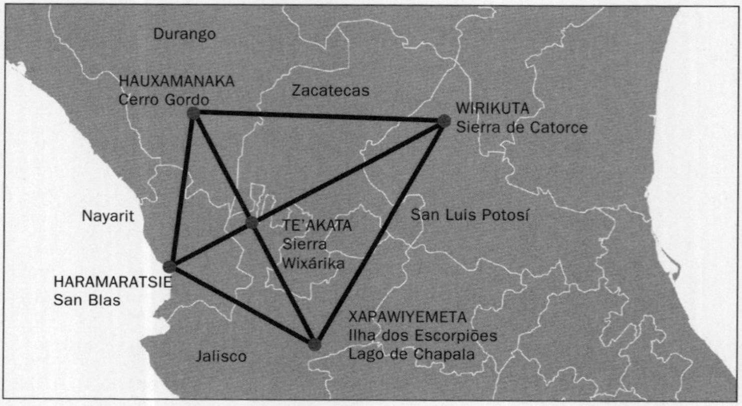

A geografia wixárika. Mapa mostrando a localização dos cinco principais lugares sagrados da cultura wixárika no território mexicano.[5]

tanto em cerimônias quanto na vida cotidiana para criar laços espirituais com a natureza, comunicar-se com os deuses, ou como remédio. Também instrumento do *Niérika*, o peiote representa, para o povo wixárika, uma fonte de conhecimento. Tanto é assim que, em sua língua natal, *wixárika* se traduz como "pessoa de coração profundo que ama o conhecimento", muito diferente do termo ocidental *huichol*, que significa "aquele que foge".

A arte wixárika, por sua estreita relação com a cosmogonia, é uma das características mais representativas de sua cultura. Tanto é que se converteu em um dos maiores expoentes da arte originária do México. A estética psicodélica wixárika se destaca por sua técnica, sua complexidade, sua beleza e, sobretudo, seu misticismo. Em um país que raramente atende às necessidades de seus povos originários — mesmo enquanto os explora como símbolos de identidade nacional no mercado estrangeiro —, sua arte lhes permitiu conquistar visibilidade. Da mesma forma, transformou-se em um emblema de reivindicação e luta contra a desapropriação de suas terras.

Em sua origem, a arte wixárika servia a propósitos cerimoniais. Objetos como o *muwiéri*, a vara cerimonial coberta de estames coloridos da qual brotam duas penas, ou o *xukúri*, uma cuia decorada internamente com figuras humanas, plantas ou animais, são utilizados apenas durante os rituais, embora também seja possível apreciar motivos geométricos em tecidos ou em objetos de uso cotidiano. Sua indumentária, por sua vez, está repleta de bordados nos quais se destacam os animais sagrados: o veado (encarnação da bondade), a águia (sustentáculo do mundo) e a serpente (representação da chuva e do movimento).[6]

Com o tempo, a arte wixárika evoluiu e incorporou novas técnicas que incluem quadros de fios de lã, objetos cobertos de contas e bonecos autorrepresentativos, o que lhe conferiu um valor de mercado. Os wixaritari souberam utilizar esse valor como método de coesão cultural, criando obras narrativas para representar seus mitos e crenças. Essa espécie de ponte intercultural funciona como uma janela que nos permite vislumbrar um mundo de murais detalhados e complexos que representam a riqueza e o dinamismo de sua cultura.

Da mesma forma, a influência do peiote é inegável em sua arte, não apenas pela constante representação do cacto como um dos símbolos essenciais, mas também por como seus efeitos se manifestam no estilo. Dentro do que se pode considerar a arte moderna wixárika, destacam-se os desenhos multicoloridos de geometria psicodélica como um esboço de sua vivência espiritual. A arte wixárika, mais do que apenas observar, nos permite perceber seu mundo, adentrar sua experiência psíquica com a esperança de compreendê-los melhor.

Os psicodélicos e as portas da percepção

O termo "psicodélico" foi cunhado pelo psiquiatra britânico Humphry Osmond no final dos anos 1950 para descrever os efeitos de substâncias que produzem mudanças na percepção, no estado de ânimo e no pensamento sem afetar a memória ou as habilidades cognitivas. Provém do grego *psyche* ("mente" ou "alma") e *delos* ("manifesto"), e faz referência, assim como o *Niérika*, ao que a mente revela ou manifesta.

A mescalina, substância psicoativa do peiote, foi identificada por Arthur Heffter em 1897 e sintetizada por Ernst Späth em 1918. A princípio, pensou-se que ela poderia ser usada como modelo para estudar a psicose, uma espécie de porta de entrada para as doenças mentais. Samuel W. Fernberger, professor de psicologia na Universidade da Pensilvânia, descreveu em 1923 os efeitos do peiote como um estado em que "o foco de atenção é supranormalmente claro, é possível perceber estímulos acima de seu limiar sensorial e se nota uma distorção do espaço e do tempo".[7] Com o passar dos anos, a ideia de que poderia ser usado como modelo de doença mental foi descartada, mas paradoxalmente surgiram indícios de que poderia ser utilizado na psicoterapia.

No romance distópico *Admirável mundo novo* (1932), de Aldous Huxley, o governo mantém seus cidadãos controlados com uma substância conhecida como *soma*, que causa uma sensação "eufórica, narcótica e agradavelmente alucinógena".[8] Inspirado em uma substância psicoativa consumida pelos brâmanes no período védico da Índia, Huxley intuiu o efeito dos psicodélicos sobre o estado de ânimo e, anos depois, se tornaria um de seus maiores promotores. No entanto, só depois de Albert Hofmann descobrir os efeitos da dietilamida do ácido lisérgico (LSD) — um achado acidental — é que teve início o estudo científico dos psicodélicos, junto com uma revolução sociocultural.

Em 16 de abril de 1943, Hofmann se intoxicou acidentalmente enquanto manipulava uma substância que tinha sintetizado cinco anos antes em seu laboratório na Basileia, com a esperança de obter um estimulante cardiorrespiratório. Ao chegar em casa, foi invadido por uma sensação prazerosa, quase onírica, que parecia estimular sua imaginação. Três dias depois, decidiu ingerir a substância para estabelecer experimentalmente a dose efetiva. Enquanto voltava para casa de bicicleta, começou a sentir que, embora "pedalasse e pedalasse, o tempo parecia permanecer imóvel". Já em casa, percebeu "cores e jogos de formas sem precedentes que persistiam atrás de meus olhos fechados. Imagens caleidoscópicas e fantásticas avançavam sobre mim, alternando-se, entrelaçando-se, abrindo-se e fechando-se em círculos e espirais, explodindo em fontes de cores, reorganizando-se e se hibridando em um fluxo constante".[9] Até hoje, embora muitos ciclistas não saibam, o dia 19 de abril é celebrado como o Dia da Bicicleta para comemorar esse acontecimento, um marco na cultura e nas ciências.

Em 1947, Werner Stoll publicou o primeiro estudo científico sobre os efeitos do LSD, que foi administrado a dezesseis voluntários saudáveis e a seis pacientes com esquizofrenia resistente ao tratamento. Além de destacar a extraordinária potência da substância em comparação com a mescalina, ele observou que, em doses baixas, "o LSD parecia facilitar os processos psicoterapêuticos ao permitir que o material reprimido chegasse à consciência".[10] Nas décadas seguintes, o estudo científico dos psicodélicos se intensificaria. À medida que médicos e pesquisadores faziam experiências com pacientes e amigos, a substância foi se popularizando entre muitos intelectuais. Logo os filósofos, escritores e artistas começaram a usar os psicodélicos para explorar outros estados de consciência. A distorção do tempo, as alucinações visuais, a sensação de êxtase, de união com o universo, e as experiências extracorpóreas tingiram os psicodélicos de misticismo.

Em 1953, Aldous Huxley publicou o famoso ensaio "As portas da percepção", baseado em suas experiências com mescalina. O título faz referência a um livro do poeta místico William

Blake, *O casamento do céu e do inferno* (1790), que alude, em um de seus versos, à concepção platônica da realidade, à qual só temos acesso parcial por meio das sombras de nossa caverna. Para Huxley, a realidade era limitada pelos filtros da experiência consciente, que impediam a passagem de imagens e impressões difíceis de serem processadas. Os psicodélicos eram uma porta de entrada para essas experiências, uma forma de libertar a mente dos filtros da consciência. Sua influência foi tão grande que as substâncias psicodélicas se tornaram um emblema dos movimentos contraculturais. A música e a arte foram tão influenciadas que o cantor norte-americano Jim Morrison nomeou sua mítica banda de rock The Doors em homenagem ao ensaio de Huxley. Não era para menos: tratava-se das mesmas portas que outros poetas como Antonin Artaud, Henri Michaux e Allen Ginsberg tinham atravessado depois de consumir o peiote.[11]

Muitos jovens mergulharam em uma espécie de idolatria por esses compostos, que evocavam ideais de comunidade — antibelicistas e anti-imperialistas — dentro da contracultura dos anos 1960. Por motivos mais políticos do que de saúde pública, o governo dos Estados Unidos classificou os psicodélicos como substâncias de alto risco dentro do grupo dos entorpecentes, e em 1967 proibiu as pesquisas científicas sobre eles.[12] Até aquele momento, mais de 40 mil indivíduos haviam participado de algum estudo com psicodélicos, e mais de mil artigos científicos tinham sido publicados.[13] Apenas na década de 1990, com o surgimento de novos estudos de neuroimagem, é que as pesquisas foram retomadas.[14]

A chave para os estados alterados de consciência

Os psicodélicos são um grupo heterogêneo de substâncias difíceis de classificar, já que variam tanto em sua estrutura quanto em seu mecanismo de ação. Dividem-se principalmente em dois subgrupos: os alucinógenos clássicos e os não clássicos. O primeiro é composto de psilocibina (cogumelos alucinógenos), DMT (ayahuasca), mescalina (peiote), MDMA (ecstasy) e dietilamida do ácido lisérgico (LSD), entre outros. Os alucinógenos não clássicos, por sua vez, são representados em sua maioria pela ketamina, um poderoso anestésico utilizado em cirurgias.[15]

Quer seja através da interação no cérebro com os receptores de serotonina (clássicos) ou com os NMDA (não clássicos), os dois grupos de psicodélicos implicam um aumento de glutamato — o principal neurotransmissor excitatório do sistema nervoso central — na região pré-frontal do cérebro. Essa região, evolutivamente mais recente, medeia os processos cognitivos complexos que consideramos inerentes aos humanos: a tomada de decisões, os julgamentos morais, o controle dos impulsos, as manifestações da personalidade e o comportamento social. Em particular, o córtex pré-frontal medial (CPFm) forma uma rede com outras áreas do cérebro conhecida como rede de modo padrão (RMP), que, acredita-se, é responsável pelos processos metacognitivos, ou seja, pelas reflexões sobre si mesmo. O funcionamento correto dessa rede parece estabilizar e limitar nossa experiência consciente. Mas, ao interrompê-la, os psicodélicos permitem que ocorram padrões distintos de atividade cerebral, os quais estão associados a experiências como a dissolução do ego ou dos limites pessoais. Adicionalmente, observou-se um aumento na concentração de dopamina no núcleo estriado, uma estrutura essencial no controle das emoções e no sistema de recompensa.

Outra estrutura cerebral que parece desempenhar um papel importante é o tálamo. Ele se encontra na parte mais interna e é responsável por receber, processar, integrar e enviar todo tipo de informação a outras áreas do cérebro. Ou seja, funciona como uma comporta sensorial que coleta as informações obtidas por nossos sentidos e as distribui a outras regiões para que sejam processadas. Por essa razão, o tálamo é conhecido como a "porta de entrada" para o córtex cerebral nas modalidades límbica (regulação das emoções), motora e sensitiva (visão, audição, paladar, olfato, tato e sensibilidade somática). Ao mesmo tempo, as ordens provenientes do córtex cerebral são processadas nele antes de serem redirecionadas às áreas encarregadas de executar uma ação, de modo que, mais do que uma porta, ele funciona como um "grande integrador". Esse fluxo de informação interna e externa, sensorial e cognitiva, é mediado por neurônios serotoninérgicos e dopaminérgicos, ou seja, que utilizam serotonina e dopamina para se comunicarem entre si. Quando esses neurônios são estimulados pelos psicodélicos, gera-se um transbordamento da informação que chega ao córtex cerebral, o que aumenta a percepção sensorial e altera o estado psíquico — algo não muito diferente, diria Aldous Huxley, de abrir as portas da percepção.

Cabe destacar que os neurônios podem ser excitatórios ou inibitórios. Um neurônio nem sempre ativará outro, mas pode suprimi-lo (na verdade, no cérebro há mais projeções inibitórias do que excitatórias). Esse efeito inibitório dos psicodélicos foi observado em regiões como a amígdala, uma estrutura essencial do sistema límbico que regula emoções primárias como o medo, a raiva ou o nojo, além do processamento de emoções negativas. Ademais, há estudos que indicam que os psicodélicos promovem a expressão de proteínas conhecidas como fatores de crescimento, que controlam a capacidade das conexões neuronais de se regenerar (plasticidade cerebral), o que forma novas sinapses e, portanto, novas associações entre diferentes áreas do cérebro.[16]

Mas os efeitos por antonomásia dos psicodélicos são as ilusões e as alucinações visuais, que se diferenciam entre si pela objetividade: enquanto uma ilusão é uma distorção na percepção de um estímulo externo, ou seja, de um objeto presente que é percebido de forma alterada, uma alucinação ocorre sem que haja um estímulo externo (ouvir vozes ou sons, ver imagens complexas). Os padrões geométricos das ilusões visuais, que incluem espirais, túneis, hexágonos e fractais, são um dos aspectos mais distintivos das substâncias psicoativas e oferecem pistas sobre a própria arquitetura do cérebro. Um estudo matemático determinou que os padrões de conexão entre a retina (onde se encontram os fotorreceptores) e o córtex estriado (onde a informação visual é processada) são os responsáveis por "criar" essas figuras geométricas que replicam, em certa medida, a forma como as células estão organizadas.[17] Mecanismos inibitórios impedem que esses padrões venham normalmente à tona; no entanto, ao alterar a atividade neuronal com psicodélicos, eles emergem da ativação de mapas celulares no circuito retino-tálamo-cortical.

A portas fechadas: As possibilidades terapêuticas e os riscos das drogas psicodélicas

Quantificar as sensações causadas pelos psicodélicos foi um problema para os pesquisadores desde suas primeiras descrições. Nos últimos anos, desenvolveram-se diferentes instrumentos psicométricos com esse objetivo, dos quais o mais utilizado é o "Questionário de estados alterados de consciência multidimensional", que avalia cinco dimensões da consciência sob o efeito de uma substância psicodélica e exemplifica as experiências possíveis: infinitude oceânica (experiência positiva da dissolução do ego associada a alterações na percepção do tempo, sensação de sublimidade e unidade com a natureza), reestruturação visual (alterações visuais como ilusões, alucinações, sinestesia, aumento da imaginação e da memória), medo da dissolução do ego (experiência negativa da dissolução do ego que se associa à ansiedade de perder o controle do corpo ou dos pensamentos), alteração acústica (hipersensibilidade ao som ou alucinações auditivas) e vigilância alterada (mudanças no estado de alerta). Uma aura de espiritualidade e cura associada a essas experiências faz com que culturas como a wixárika se refiram aos psicodélicos como medicinas para a alma e para o corpo.

Desde os primeiros experimentos científicos, ficou claro que os psicodélicos tinham potencial terapêutico. Hoffer e Osmond, o psiquiatra que popularizou seu nome, usaram LSD para tratar casos graves de alcoolismo em 1953. Sua ideia original, levemente perversa, era estimular nos sujeitos uma psicose semelhante ao delirium tremens para que o terror da experiência os fizesse se abster de beber outra vez. Embora essa ideia tenha sido rapidamente descartada, observou-se uma mudança positiva em seu comportamento. Muitos pacientes relataram ter ficado emocionados com a experiência, e alguns chegaram a deixar de consumir álcool. Infelizmente, as mudanças se mostraram passageiras e, ao se reintegrarem à sociedade, os velhos padrões ressurgiram.

Pouco tempo depois, começaram os estudos com grupos de controle, ou seja, grupos de indivíduos saudáveis ou com outras condições, para poder comparar os efeitos. Além de voltar a observar mudanças positivas no grupo-alvo, os pesquisadores perceberam que, independente da categoria do grupo, todos os participantes melhoravam na relação com os terapeutas, mostravam-se mais cooperativos durante as sessões e os laços entre eles se tornavam mais estreitos. Assim, a terapia psicodélica se popularizou nos centros de desintoxicação, sobretudo para tratar casos graves em que as demais terapias haviam fracassado. Ao longo das décadas de 1950 e 1960, os resultados eram claros: os índices de abstinência em pessoas dependentes tratadas com LSD e psicoterapia eram significativamente menores do que naquelas que recebiam apenas terapia tradicional.

Embora os psicodélicos, por si só, não evitassem o consumo das substâncias aditivas, os pacientes pareciam entender melhor quais eram as razões de sua dependência, o que facilitava o trabalho psicológico. Isso abriu as portas para sua utilização com outro tipo de pacientes e, no início dos anos 1960, seu uso se estendeu a pessoas com transtornos de personalidade. Pouco antes de sua proibição, chegaram inclusive a ser administrados a pacientes com doenças terminais. Em 1964, um estudo demonstrou que os efeitos analgésicos do LSD em pacientes terminais eram mais duradouros do que os da hidromorfona, um poderoso derivado da morfina, altamente viciante e que, em concentrações elevadas, pode provocar falência respiratória. As pessoas tratadas com LSD "demonstraram uma peculiar indiferença diante da gravidade de sua situação, falaram livremente sobre sua morte iminente, com uma afetividade considerada inapropriada em nossa civilização ocidental, mas extremamente benéfica para sua psique".[18]

Com a chamada "guerra às drogas", declarada pela administração do presidente Nixon, todos os estudos foram interrompidos até a década de 1990, quando teve início a "segunda era" ou "renascimento" dos psicodélicos. Graças às novas tecnologias, tornou-se possível entender o mecanismo pelo qual eles exerciam seus efeitos terapêuticos. Um estudo demonstrou, utilizando tomografia por emissão de pósitrons para avaliar o fluxo sanguíneo cerebral, que a mescalina aumentava a atividade no córtex frontal, especialmente no hemisfério direito.[19] E o mesmo ocorria no córtex pré-frontal e no córtex temporal inferior com a psilocibina.

Sabe-se, há muito tempo, que indivíduos com depressão severa apresentam uma diminuição da atividade no córtex pré-frontal, bem como uma atividade excessiva em suas conexões com a amígdala.[20] Os antidepressivos clássicos atuam sobre os sistemas de liberação e recaptação de serotonina e, depois de duas ou três semanas, aumentam seus níveis no cérebro. No entanto, essa janela entre o início da administração do medicamento e seus efeitos sobre o estado de ânimo pode ser perigosa, sobretudo em indivíduos com pensamentos suicidas. Psicodélicos como a ketamina reduzem consideravelmente os níveis de depressão apenas algumas horas após a administração e mantêm esse efeito por mais de 72 horas, funcionando como uma terapia — em combinação com antidepressivos tradicionais — para pessoas com alto risco de suicídio.[21] De forma semelhante, os psicodélicos parecem reduzir os sintomas do transtorno obsessivo-compulsivo pouco tempo depois de terem sido administrados. É importante destacar que, especialmente no tratamento de doenças mentais, os psicodélicos, por si só, não demonstram efeitos significativos a longo prazo. Ou seja, funcionam apenas como um tratamento coadjuvante à psicoterapia e devem ser entendidos como uma ferramenta para aumentar as chances de sucesso dela. Ainda não está claro se as mudanças na atividade cerebral são resultado da substância em si ou da experiência psicológica de um estado alterado de consciência.

Embora as substâncias psicoativas — por meio de sua interação com os receptores de serotonina — possam beneficiar pessoas com transtorno depressivo ou dependência química, podem, ao contrário, ser prejudiciais em casos de esquizofrenia. Estes pacientes sofrem de uma autoexperiência incoerente e de isolamento social que poderiam estar relacionados a alterações nas conexões tálamo-corticais, semelhantes às provocadas pelos psicodélicos. Uma substância conhecida como ketanserina — usada como anti-hipertensivo — bloqueia os receptores de serotonina sobre os quais os psicodélicos atuam, impedindo a experiência psicodélica se for administrada antes do consumo de LSD. Utilizar bloqueadores de serotonina como a ketanserina poderia, em tese, beneficiar esses indivíduos, embora ainda não existam estudos conclusivos.

O consumo de drogas psicodélicas não está isento de efeitos adversos, como ataques de pânico, comportamentos perigosos, exacerbação de sintomas psiquiátricos (alto risco de surtos psicóticos em pessoas com esquizofrenia) e dependência (ainda que sejam consideradas pouco viciantes). Em geral, recomenda-se evitar seu consumo por indivíduos saudáveis caso haja antecedentes de doenças psiquiátricas na família. Somente em um cenário adequado — administradas em doses seguras e sob supervisão —, essas drogas mantêm um perfil de segurança aceitável.[22]

Condutas ecológicas e um senso de comunhão com a natureza também estão associados ao consumo de psicodélicos,[23] algo a se considerar em tempos de crise climática. Um estudo populacional com mais de 21 mil participantes relatou um efeito psicológico positivo — 25 anos depois — entre aqueles que haviam ingerido alguma substância psicoativa. Ao mesmo tempo, descartou-se a relação entre o uso de psicodélicos e o aumento de doenças mentais.[24] Por outro lado, o uso crônico e descontrolado de LSD tem sido vinculado a transtornos de personalidade e dissociação da realidade. Além disso, seu uso recreativo em combinação com outras substâncias, em ambientes inseguros, somado à possibilidade de conterem impurezas por se tratarem de drogas penalizadas, representa um risco à saúde.

Portas que também se fecham: A cultura wixárika em perigo

Paradoxalmente, o crescente interesse por substâncias psicoativas e a maior tolerância por parte da sociedade impulsionaram o consumo recreativo de plantas que antes eram consideradas sagradas e que hoje ameaçam o ecossistema. O consumo mundial de peiote com o intuito de viver uma experiência mística gerou uma indústria que põe em risco não apenas as práticas originárias, mas também a própria existência de toda a comunidade wixárika. A demanda superou em muito a oferta de peiote, cuja disponibilidade é limitada pelo endemismo da planta e seu lento processo de maturação.

As dinâmicas do turismo criam ainda uma economia dependente do capital estrangeiro e dilaceram a economia local. Tudo isso contribui para a perda de tradições ancestrais e tem um custo ecológico altíssimo. Além disso, as práticas de mineração ameaçam devastar a região — declarada sítio sagrado natural pela Unesco — e seus habitantes. A multinacional de origem canadense First Majestic Silver Corp. recebeu diversas concessões da Secretaria de Economia na reserva de Wirikuta — oficialmente uma área natural protegida desde 1994 —, das quais 22 estão na zona sagrada dos wixaritari. Isso ameaça não apenas as populações originárias — que ninguém tem o direito de expulsar e que não foram consultadas —, mas também muitas espécies de plantas e animais endêmicos. Somente na região vivem mais de 156 espécies de aves, muitas delas, como a águia-real e o pardal de Worthen, em perigo de extinção.[25] A própria planta sagrada, que os wixaritari cortam pela cabeça para que volte a crescer, tem sido saqueada.

As condições precárias de trabalho levaram muitos membros da comunidade wixárika, amparados pela lei de usos e costumes, a participar da extração e comercialização do peiote. Além disso, há um forte conflito em torno da propriedade das terras. Apesar de considerarem essas terras como sagradas, os wixaritari devem transitar por elas com uma autorização expedida pelas autoridades do povo wixáriko e apresentá-la aos agricultores que detêm os direitos sobre a região.[26] Infelizmente, o despojo de terras não é novidade para a cultura wixárika. As zonas sagradas de Haramara (San Blas, Nayarit) já foram cedidas a empresas turísticas no passado; outras foram inundadas por represas como La Yesca e El Cajón; e um projeto de rodovias em Jalisco sepultou o local sagrado conhecido como Paso del Oso.

Como sociedade, temos responsabilidade sobre a exploração de nossos recursos naturais e devemos respeito absoluto às comunidades originárias que compõem o mosaico do lugar onde vivemos. Somos nós que devemos recuperar o "dom de ver" para além do que é aparente, repensar nossa relação com a natureza e escutar o outro, "de coração profundo e que ama o conhecimento".

2.

Dar a vida por um instante

Dostoiévski, a epilepsia e a experiência mística

> *Talvez se descubra que aquilo a que chamamos Deus, e que tão patentemente está em outro plano que não a lógica e a realidade espacial e temporal, é um nosso modo de existência, uma sensação de nós em outra dimensão do ser.*
>
> Fernando Pessoa

A ficção como mecanismo evolutivo e os neurônios-espelho

Em seu discurso de aceitação do Prêmio Nobel em 2010, Mario Vargas Llosa fez um elogio comovente à ficção e, em especial, à literatura. As primeiras linhas condensam de forma memorável o valor — muitas vezes subestimado — da leitura: "Aprendi a ler aos cinco anos, na aula do irmão Justiniano, no Colégio La Salle, em Cochabamba (Bolívia). É a coisa mais importante que me aconteceu na vida".[1]

A afirmação, que à primeira vista pode parecer pretensiosa ou, ao menos, categórica, nos recorda que a linguagem escrita é um ato revolucionário — talvez a "coisa mais importante" que nos tenha acontecido como espécie. Desde as primeiras impressões cuneiformes em tábuas de argila na antiga Mesopotâmia em 3500 a.C., passando pela imprensa de Gutenberg até chegar aos atuais e-books, a escrita tem sido o principal meio de transmitir nossas ideias. Ao contrário da tradição oral — ao menos na teoria —, ela é menos falível na intenção de transferir um pensamento de uma pessoa a outra. Livre das distorções da fala cotidiana, permite que nações inimigas assinem um cessar-fogo, que você deseje um bom-dia — com emoji incluído — a alguém distante, e que conheçamos quais eram as *Meditações* do imperador Marco Aurélio enquanto caminhava por seus jardins 2 mil anos atrás. Vargas Llosa nos lembra que ler, além de um privilégio, é uma transformação: uma forma de vencer o espaço e o tempo e — como veremos neste capítulo — de ser outros.

De todas as manifestações artísticas, talvez a literatura seja a que mais nos aproxima como indivíduos. O livro, em si, é um objeto inanimado — um conjunto de matéria orgânica que repousa silencioso sobre uma estante —, mas, ao abri-lo, aquele rio de tinta e símbolos estranhos se organiza e parece ganhar vida. Só quando nos debruçamos sobre seu interior é que o objeto nos fala. O livro, como diria Borges, nada mais é do que "uma extensão da memória e da imaginação".[2]

Ou, nas palavras do físico Carl Sagan, é

> um objeto plano, feito de uma árvore, com partes flexíveis nas quais estão impressos montes de garatujas curiosas. Mas, quando se começa a ler, entra-se na mente de outra pessoa — talvez alguém que tenha morrido há milhares de anos. Através do tempo, um autor fala clara e silenciosamente, dirigindo-se a nós e entrando em nossa mente. A escrita é, talvez, a maior das invenções humanas. Une pessoas que não se conhecem. Personagens de livros de épocas distantes rompem a cadeia do Tempo. Um livro é a prova de que os homens são capazes de fazer a magia funcionar.[3]

Ler não só nos permite viajar por mundos diferentes; em sua essência, nos possibilita também experimentar outras vidas — e isso não é uma metáfora. Tudo indica que a ficção, mais do que um simples entretenimento, é uma ferramenta evolutiva de sobrevivência: tão útil quanto entalhar um machado ou fabricar um anzol, ela nos ajuda a interpretar o comportamento alheio e, mais fundamental ainda, a compreender a nós mesmos.[4]

Em 1992, um grupo de neurocientistas liderado por Giacomo Rizzolatti estudava — por meio de eletrodos inseridos no cérebro — a atividade elétrica dos neurônios de macacos ao realizarem movimentos com as mãos. Já haviam identificado a resposta de neurônios específicos a ações como pegar um amendoim. Mas, como ocorre em muitas das grandes descobertas científicas — isto é, por acaso —, durante uma pausa para o almoço, perceberam disparos de atividade neuronal quase idênticos aos obtidos durante as tarefas anteriores. No entanto, para surpresa dos pesquisadores, os macacos não tinham feito nenhum movimento. Depois de conferirem os equipamentos várias vezes, constataram que os neurônios estavam respondendo aos seus próprios movimentos. Ou seja, os mesmos neurônios que se ativavam quando o macaco estendia a mão para pegar comida também disparavam quando ele via os pesquisadores pegarem seu almoço. Independentemente de quem executasse o gesto, o neurônio disparava diante do mesmo movimento. Tinham descoberto um novo tipo de neurônio: os neurônios-espelho.[5]

A princípio, investigou-se muito pouco sobre a função desses neurônios, mas estava claro que eram essenciais para a imitação — pelo menos nos grandes primatas — e, consequentemente, para o aprendizado. Por isso, não foi surpresa quando, três anos depois — desta vez sem eletrodos inseridos no cérebro —, encontrou-se evidência da presença do mesmo tipo de neurônios nos seres humanos.[6]

No entanto, os neurônios-espelho eram apenas uma curiosidade fora de seu campo de estudo. Até que V. S. Ramachandran, neurocientista e divulgador, especulou sobre uma possível relação entre esses neurônios e a teoria da mente, ou seja, a capacidade humana — e de alguns poucos primatas — de atribuir pensamentos e intenções a outras pessoas.[7] Segundo V. S. Ramachandran, a descoberta dos neurônios-espelho poderia representar para a psicologia o que o DNA representa para a biologia: um marco teórico unificado para explicar muitas das atividades mentais que não podem ser estudadas experimentalmente, em especial as duas que mais definem o ser humano: a empatia e a linguagem.

Somos animais sociais que, por meio da imitação, aprendemos a aperfeiçoar muito mais do que nossas habilidades motoras. Desde os primeiros meses de vida, um bebê imita os movimentos da mãe e das pessoas ao seu redor. Gestos como pôr a língua para fora, mover os lábios ou sorrir desencadeiam reações profundas nele. Quem nunca viu um bebê ficar hipnotizado diante de uma série de caretas? Todas essas expressões passam, com o tempo, a ter um significado para ele, que começa a reconhecer nelas diferentes estados de ânimo: alegria, raiva, tristeza... Interpretá-las corretamente é essencial para sua sobrevivência, pois elas irão alertá-lo sobre possíveis ameaças ou amparos; ajudarão, por exemplo, a diferenciar se o movimento de um braço é para machucar ou para dar um abraço. Da mesma forma, ele aprenderá a reproduzi-las, e logo elas se alinharão com seus próprios estados de ânimo. De forma mais clara: se, ao ver alguém sorrir, em meu cérebro se ativam os mesmos neurônios do que quando eu mesmo sorrio, mais do que o gesto, é a emoção dessa pessoa que se reproduz em mim. É assim que nos enxergamos nos outros, que sentimos suas alegrias e suas dores, que choramos assistindo a um filme, que ficamos arrepiados ao ver um atleta cruzar a linha de chegada, que sentimos um nó na garganta ao observar alguém que perdeu um ente querido. Ser empático é sentir o páthos (sofrimento) do outro.

Mas o que tudo isso tem a ver com a linguagem, que parece algo muito mais abstrato? Não podemos esquecer que falar exige movimentos finos: a complicada interação entre os músculos responsáveis pela respiração, a modulação de nossa exalação, a vibração das cordas vocais, o ondular da língua, o borbulhar dos lábios. Uma vez que temos essas duas habilidades — ler as intenções do outro e imitar suas vocalizações —, estamos no caminho da evolução da linguagem.[8]

Dessa forma, habilidades humanas que por muito tempo foram vistas como dons divinos se revelam meros fenômenos biológicos que, embora complexos, não são insondáveis. Ainda não conseguimos quantificar as atividades mentais, mas os neurônios-espelho nos oferecem um marco teórico para estudá-las.

E, não se limitando ao campo da pesquisa, os neurônios-espelho aos poucos vêm ganhando relevância também na clínica. Assim como se acredita que são fundamentais para a empatia e a linguagem, sua disfunção pode estar na raiz de diferentes transtornos. Propôs-se, por exemplo, que os sintomas centrais do autismo — isolamento social, pouco contato visual, dificuldades com a linguagem, falta de empatia — guardam uma estreita relação com a disrupção desse sistema. É o que V. S. Ramachandran chama poeticamente de "a teoria dos espelhos quebrados", e que, no futuro, talvez explique muitos dos comportamentos que hoje consideramos patológicos. Levando ao extremo, poderia até explicar como algumas pessoas — com evidente ausência de empatia — são capazes de matar ou torturar sem o menor remorso. É claro que não se trata de justificar tais comportamentos, mas de fornecer uma ferramenta para compreendê-los e, possivelmente, tratá-los. No caso específico do autismo, essa teoria permite um diagnóstico precoce por meio de estudos eletrofisiológicos e, ao mesmo tempo, oferece a oportunidade de uma terapia para restaurar o sistema.[9]

Até agora falamos dos neurônios-espelho como grandes imitadores das ações alheias. No entanto, seu papel não se limita a copiar os movimentos observados nas pessoas, mas também desempenham uma função muito mais abstrata: a de atores no teatro de nossa mente. As evidências indicam que esses neurônios podem ser ativados até mesmo ao ler sobre uma ação. Ou seja, palavras que fazem referência a movimentos específicos, como pegar uma caneta ou lançar uma bola, ativam no cérebro as áreas motoras necessárias para realizar essas tarefas.[10]

Assim, a ideia de que ler um livro é habitar um mundo ganha um novo significado. Longe da metáfora, adentrar em um romance é — literalmente — viver a vida de seus personagens. Em certo nível, realidade e ficção se tornam indistinguíveis, de tal forma que temos tantas vidas quantos livros existem.

E se podemos, por meio da leitura, encarnar as aventuras de outras pessoas, o que dizer de sua consciência? Hoje em dia estamos acostumados às grandes obras do eu, ao solilóquio da pós-modernidade. Possivelmente, a primeira pessoa do singular seja a forma de narração mais utilizada. Longe da terceira pessoa, que apresenta os fatos como um observador onipresente, o eu nos permite experimentar os pensamentos do protagonista, perceber sua angústia, viver suas dúvidas.

Diz-se que *Ulysses*, de James Joyce, foi o primeiro romance a introduzir um conceito básico na narrativa moderna: o fluxo de consciência. No último capítulo do romance, Molly Bloom divaga em um monólogo interno durante a madrugada, logo depois que seu marido foi dormir. Durante quase noventa páginas com apenas dois sinais de pontuação, o leitor faz parte da concatenação de memórias e imagens díspares que fluem pela mente do personagem. Trata-se de uma aproximação da psique humana, desse monólogo desordenado, não linear e muitas vezes ilógico que é o pensamento, do caos que todos nós carregamos dentro de nós.

No entanto, desde que surgiu algo semelhante à literatura, a primeira pessoa, o eu, foi considerada quase uma excentricidade (como hoje é narrar na segunda pessoa do singular, técnica que poucos, como Carlos Fuentes em *Aura*, usaram com sucesso), um recurso reservado quase exclusivamente ao discurso teatral e impensável para sustentar um romance. Portanto, não surpreende que muitas revelações da psicologia humana tenham chegado até nós por meio da terceira pessoa.

É o caso de Fiódor Dostoiévski, o navegador — ou náufrago — da psique humana, pai do romance psicológico e um dos grandes gênios da literatura universal.

Dostoiévski, enfermidade e psique: Como a epilepsia moldou sua literatura

Citando outro autor, Henry Miller, que não temeu mergulhar no fundo da alma humana:

> Dostoiévski era a soma de todas aquelas contradições que paralisam o homem ou levam-no ao apogeu. Não havia mundo baixo demais para ele entrar nem lugar alto demais para ele temer subir. Ele percorria toda a gama, dos abismos às estrelas. É pena que nunca mais teremos a oportunidade de ver um homem colocado no centro do mistério e, por seus lampejos, iluminar para nós a profundeza e a imensidão das trevas.[11]

A obra de Dostoiévski é um estudo detalhado da condição humana. Explora com maestria o amplo espectro de nossas emoções, desde os pensamentos mais nobres até as ações mais miseráveis; ler sua obra é se reconhecer em um espelho de contradições, é se compreender como um ser "que contém multidões".[12]

Em sua vasta obra, ele não só representa a complexidade da psicologia humana, mas faz uma descrição fiel de suas patologias. Filho de um cirurgião, a doença foi para Dostoiévski uma constante, desde a infância até o final da vida, não apenas porque desde os primeiros passos acompanhou o pai pelos pavilhões de doentes no hospital para os pobres de Mariinski em Moscou, mas também porque ele próprio tinha uma saúde frágil e em contínuo declínio. Epiléptico desde a juventude, sofreu também de alcoolismo, bem como de uma severa dependência do jogo, que o levou várias vezes à ruína.[13] Finalmente, morreu de uma doença pulmonar, cheio de dívidas, mas consagrado como um dos grandes escritores de todos os tempos.

A epilepsia foi um eixo fundamental tanto em sua vida quanto na de seus personagens. Curiosamente, a doença — naquela época intratável — que carregou consigo como uma ferida aberta foi a mesma que lhe salvaria a vida. Após um indulto do tsar Nicolau I em 1849, Dostoiévski evitou a morte por fuzilamento, mas foi condenado a quatro anos de trabalhos forçados em uma prisão na Sibéria e à incorporação vitalícia nas fileiras do Exército russo no que hoje é o nordeste do Cazaquistão. Aproveitando-se de sua amizade com um médico da prisão, conseguiu convencer o tsar a absolvê-lo do serviço militar devido à fragilidade de sua saúde causada pelos violentos ataques epilépticos que sofria.

Em sua obra, seis de seus personagens sofrem de epilepsia e, na maioria dos casos, a doença define o desfecho da história. Por exemplo, em *A senhoria* (1847), o protagonista escapa de ser assassinado quando seu agressor sofre um ataque epiléptico antes de poder apertar o gatilho. Em *Os irmãos Karamázov* (1879-80), Smerdiákov usa sua doença como álibi depois de consumar o crime, incriminando assim seu irmão pelo assassinato do pai. Cabe destacar que o personagem Alexei, o herói do romance, é uma homenagem ao filho do autor, que morreu dois anos antes como consequência de um quadro epiléptico.[14]

No entanto, de todos os personagens de Dostoiévski, talvez o mais encantador seja o príncipe Míchkin, que encarna os mais elevados valores da natureza humana. Também epiléptico, é através do sofrimento — com uma clara analogia cristã — que ele alcança a salvação. O romance, que ironicamente leva por título *O idiota* (1868), investiga os efeitos de uma sociedade corrompida sobre um homem, cuja bondade essencial causa desconfiança nos outros e, por vezes, é interpretada como falta de inteligência. Etimologicamente, a palavra "idiota" vem do grego *idio*, que significa "próprio" (daí palavras como "idioma" ou "idiossincrasia").[15] O idiota é, pois, aquele indivíduo que se encontra encerrado em si mesmo, alheio ao caos exterior. E é nessa exploração do eu que se fundamentam os pilares da literatura de Dostoiévski, sobretudo no sofrimento pessoal e sempre solitário que, de algum modo, eleva seus personagens. Se fosse possível resumir em uma frase — o que é impossível — a proposta ideológica do escritor russo, seria que um instante de felicidade pode eximir toda uma vida de miséria. Ou, formulado através dos personagens do próprio romance: a beleza salvará o mundo.[16]

O fanatismo religioso de Dostoiévski se acentuou no final de sua vida.[17] Por essa razão, não é de surpreender que, em sua literatura, o sofrimento seja o caminho para a redenção. Em um homem que não se conheceu fora da enfermidade, torna-se inevitável a sinergia, em seu pensamento, entre patologia, teologia e ideologia.

Até agora, falamos da doença como condição permanente em seus personagens. Vamos agora, por meio do príncipe Míchkin e de nossos neurônios-espelho, experimentar na pele os momentos seguintes a uma crise epiléptica:

> De que isso era realmente "beleza e súplica", de que isso era realmente "a suprema síntese da vida" ele não podia nem duvidar, e aliás não podia nem admitir dúvidas. É que não foram algumas visões que naquele momento lhe apareceram em sonho, como provocadas por haxixe, por ópio ou vinho, que humilham a razão e deformam a alma, visões anormais e inexistentes. Sobre isso ele podia julgar com bom senso ao término do estado doentio. Esses instantes eram, justamente, só uma intensificação extraordinária da autoconsciência — caso fosse necessário exprimir esse estado por uma palavra —, da autoconsciência e ao mesmo tempo da autossensação do imediato no mais alto grau. Se naquele segundo, isto é, no mais derradeiro momento de consciência perante o ataque ele arranjasse tempo para dizer com clareza e consciência a si mesmo: "Sim, por esse instante pode-se dar a vida toda!" — então, é claro, esse momento em si valia a vida toda.[18]

Não é que o autor desfrutasse de seus ataques epilépticos, que, na falta de um tratamento eficaz, com o tempo se tornaram mais violentos e frequentes. "Múrin estava caído no chão; se contorcia em convulsões, com o rosto desfigurado pelo sofrimento e espuma em seus lábios retorcidos."[19] A condição do autor foi se deteriorando até o ponto de sofrer vários ataques por semana. Mesmo seu personagem de *Os irmãos Karamázov*, Smerdiákov, acaba se suicidando quando a doença se agrava depois de ele cometer um assassinato. Contudo, são os instantes anteriores ao ataque que o autor considera quase como uma experiência mística. Em uma carta escrita a seus amigos, ele diz: "Durante alguns momentos, conheço uma felicidade impossível de conceber em estado normal, e que os outros nem sequer imaginam. Experimento uma harmonia completa entre mim e o mundo, e essa sensação é tão forte, tão suave, que alguns minutos desse gozo poderiam ser trocados por dez anos e, talvez, até por toda a vida".[20]

Epilepsia extática, experiências fora do corpo e religiosidade

Mas e se a epilepsia, mais do que um atributo, fosse a própria gênese de sua filosofia? A epilepsia é um transtorno do sistema nervoso pelo qual o tecido cerebral é alterado e se torna propenso a sofrer ataques (ou crises). O ataque epiléptico, por si só, é a atividade neuronal não coordenada que pode se manifestar como sensações incomuns, mudanças de comportamento e, com muita frequência, convulsões e perda da consciência. A epilepsia é classificada por etiologia (causa desconhecida ou resultante de alguma lesão específica) ou por topologia (área anatômica do cérebro onde o ataque se inicia), e às vezes é precedida por um fenômeno chamado aura. Essa aura é o resultado de mudanças locais na atividade elétrica antes de se espalhar por todo o cérebro, e se manifesta de diferentes maneiras: flashes, náuseas ou enteléquia (sensação de irrealidade).[21]

Tudo parece indicar que Dostoiévski padecia de um tipo muito particular de epilepsia: a epilepsia temporal mesial.[22] Também chamada de epilepsia extática, caracteriza-se por ser precedida de uma aura com sensação de bem-estar e aumento da autoconsciência. Alguns indivíduos descrevem ainda uma dilatação temporal e até experiências místicas.[23] Isso é consequência do estímulo das áreas temporal anterior e insular, relacionadas com a percepção do eu, cujo estímulo tem sido vinculado a experiências extracorporais, bem como à evocação de experiências religiosas.[24]

> Entre outras coisas, pôs-se a meditar como em seu estado epiléptico, quase no limiar do próprio ataque (se é que o

próprio ataque aconteceu na realidade), chegara a um grau em que subitamente, em meio à tristeza, à escuridão da alma, à pressão, seu cérebro pareceu inflamar-se por instantes e todas as suas forças vitais retesaram-se ao mesmo tempo com um ímpeto incomum. A sensação de vida, de autoconsciência quase decuplicou nesses instantes que tiveram a duração de um relâmpago. A mente, o coração foram iluminados por uma luz extraordinária; todas as inquietações, todas as suas dúvidas, todas as aflições pareceram apaziguadas de uma vez, redundaram em alguma paz superior, plena de uma alegria serena, harmoniosa, e de esperança, plena de razão e de causa definitiva. Mas esses momentos, esses lampejos ainda eram apenas um pressentimento daquele segundo definitivo (nunca mais que um segundo) após o qual começava o próprio ataque. Esse segundo, é claro, era insuportável. Refletindo mais tarde sobre esse instante, já em estado sadio, ele dizia frequentemente de si para si: que todos esses raios e relâmpagos da suprema autossensação e autoconsciência e, portanto, da "suprema existência" não passam de uma doença, de perturbação do estado normal e, sendo assim, nada têm de suprema existência, devendo, ao contrário, ser incluídos na mais baixa existência. E, não obstante, ainda assim ele acabou chegando a uma conclusão extremamente paradoxal: "Qual é o problema de ser isso uma doença? — decidiu finalmente. — Qual é o problema se essa tensão é anormal, se o próprio resultado, se o minuto de sensação lembrada e examinada já em estado sadio vem a ser o cúmulo da harmonia, da beleza, dá uma sensação inaudita e até então inesperada de plenitude, de medida, de conciliação e de fusão extasiada e suplicante com a mais suprema síntese da vida?".[25]

Por meio do príncipe Míchkin, Dostoiévski incursiona com maestria em uma discussão filosófica sobre a relação entre o orgânico e o metafísico. Se a experiência "elevada" do ser deriva de uma patologia, é menos real, menos válida? Não esqueçamos que foi apenas no final do século XIX que os neurônios puderam ser observados de forma conclusiva, por meio das técnicas de coloração de Camillo Golgi e de Santiago Ramón y Cajal. Mesmo a teoria deste último, que estabelece que os neurônios são a unidade anatômica fundamental do cérebro, demorou décadas para ser aceita de forma unânime.[26] Que a massa cerebral fosse responsável por nossas percepções, assim como por nossas ações, era uma ideia em gestação e, para muitos, absurda. Em *Os irmãos Karamázov* critica-se esse mesmo determinismo científico da época, dizendo: "isso é lá nos nervos, dentro da cabeça, ou seja, lá dentro do cérebro [...] há uns rabinhos, esses nervos têm uns rabinhos, pois bem, é só eles começarem a tremer [...] aparece uma imagem [...] eis por que eu contemplo e depois penso... porque há os rabinhos, e nunca porque eu tenha uma alma e seja uma imagem qualquer e semelhança sei lá do quê, tudo isso são tolices".[27]

Dostoiévski representa o homem em choque com a modernidade, a tensão de opostos entre um pensamento profundamente religioso (cristão-ortodoxo) e as ideias originadas pela revolução científica. A própria gênese de sua doença, que durante milhares de anos foi considerada um castigo divino (o prefixo grego *epi* significa "sobre" e o verbo *lambano*, "interceptar", isto é, "ser interceptado de cima"), começava a ser aceita como uma disfunção orgânica e, portanto, tratada como tal. Além disso, o autor chama a atenção para uma ideia que ainda hoje poucos se atrevem a debater: Será que Deus está no cérebro? Se as cores que resplandecem diante de nós, os sabores que inundam nosso paladar, as carícias que fazem nossa pele se arrepiar, todas as dúvidas, as angústias, os momentos de plenitude e de abandono indescritível são produtos da interação eletroquímica entre neurônios, não seria Deus também um epifenômeno da matéria? O resultado de uma complexa comunicação entre microrganismos? Sendo um homem absolutamente permeado pela fé, Dostoiévski parece encontrar uma saída: mesmo que suas experiências místicas sejam fruto da matéria, mesmo que sejam produto de um desequilíbrio ou disfunção, isso não lhes tira valor, pois o resultado continua sendo uma elevação do ser. Para alguém tão ortodoxo quanto ele, não importa o caminho pelo qual se chega à experiência, pois o caminho em si também faz parte do divino.

Mais de um século depois, tais formulações ainda ressoam na ciência e na filosofia. Se, durante um ataque epiléptico, descargas neurais aleatórias podem provocar uma experiência religiosa, seria possível induzir isso artificialmente? Através da estimulação magnética transcraniana (TMS, na sigla em inglês), que consiste em emitir impulsos magnéticos por meio de uma bobina ajustada na cabeça para gerar atividade em áreas específicas do cérebro, conseguiu-se provocar uma infinidade de sensações conforme a área estimulada. Por exemplo, ao estimular a amígdala — estrutura relacionada ao controle das emoções primárias —, foram geradas sensações de ansiedade e medo. No entanto, são raras as descrições de auras extáticas e muito menos de experiências místicas a partir de estímulos externos.

Em 2001, o neurocientista Michael Persinger e o inventor Stanley Coren criaram um dispositivo chamado "capacete de Deus". Utilizando esse capacete, capaz de produzir pequenos campos eletromagnéticos (muito inferiores aos da TMS), estimularam o lobo temporal de dezenas de participantes. Persinger descreveu que 80% deles tiveram experiências paranormais, e muitos falaram da "presença de algo superior".[28] Contudo, o estudo foi duramente criticado e os mesmos resultados não puderam ser reproduzidos. Além dos inúmeros relatos anedóticos, parece que, para produzir uma experiência mística, é necessário muito mais do que um simples estímulo elétrico; a sugestão dos participantes, as experiências prévias e os traços de personalidade podem ser fatores determinantes para que essa experiência se concretize.[29] Concluiu-se, portanto, que os fatores psicológicos desempenham um papel importante, e que apenas com o progresso da metodologia e dos dispositivos poderemos saber até que ponto isso é possível.

Provavelmente, a epilepsia extática proporcionou a Dostoiévski percepções místicas que acabaram por inundar tanto sua literatura quanto sua filosofia. Em si, a biografia do escritor é um eco da dicotomia entre prazer e sofrimento, da possibilidade de alcançar — ainda que por alguns instantes — a beleza vedada aos demais mortais em troca de viver no abismo. Para atingir tais níveis de sublimidade em sua prosa, Dostoiévski teve que descer a todos os infernos. Viciado em jogo, passou seus últimos anos muito doente e na miséria. Consagrar-se como o maior escritor de seu país — e talvez da literatura universal — não o poupou de perder quase todos os seus bens. Seu romance *O jogador* foi escrito sob a pressão de pagar as dívidas de jogo e é inspirado em sua própria dependência.

Paradoxalmente, existe a possibilidade de que a mesma epilepsia que o conduziu à busca do sublime tenha sido também responsável por sua ruína. Sabe-se que a área da ínsula está estreitamente relacionada aos transtornos de controle de impulsos, dentre os quais se encontra o jogo patológico. Lesões epileptogênicas (que produzem epilepsia) nos lobos temporal, frontal e insular têm sido associadas a comportamentos impulsivos, o que causa uma disfunção no sistema de previsão de riscos do cérebro e pode levar à dependência do jogo.[30]

Tudo indica que a epilepsia desempenhou muito mais do que um papel autorreferencial na obra de Dostoiévski. Foi alimento tanto para a construção de sua narrativa quanto para sua experiência perceptiva de enfrentamento da existência. No entanto, não podemos argumentar que sua genialidade provenha de uma patologia; ao contrário, o brilhantismo do artista está em encontrar no sofrimento a matéria-prima para iluminar sua obra. Dostoiévski naufragou nos mares escuros da natureza humana e construiu um farol, uma luz descontínua que nos lembra que, mesmo em um mundo cheio de misérias, a beleza pode nos salvar.

3. Ver a música e saborear as palavras

Franz Liszt, Wassily Kandinsky, a sinestesia e a substituição sensorial

> *A cor é a tecla. O olho, o martelo.*
> *A alma é o piano com muitas cordas.*
> *O artista é a mão que faz vibrar*
> *adequadamente a alma humana.*
>
> Wassily Kandinsky

A sinestesia e suas diferentes formas

Do lado de fora do teatro de Weimar, a neve cai apressada para chegar pontualmente ao encontro. É fevereiro de 1854 e a sala está lotada. Corre o boato de que o compositor e pianista virtuoso Franz Liszt apresentará uma nova obra. Alguns comparam o músico húngaro ao endemoniado Paganini, só que Liszt parece ter assinado um pacto com o lado de cima. Até então, a música clássica era coisa da aristocracia, um prazer reservado aos privilegiados; mas seu talento e excentricidade o catapultaram como um ícone popular em todos os cantos da Europa.

No corredor, um grupo de jovens se atira sobre a ponta do charuto que ele jogou fora antes de subir ao palco. Uma mulher de meia-idade diz algo em voz alta que faz sua mãe, que a acompanha, corar. Um estudante lhe suplica pelo lenço com que enxuga a testa. Com o dedo indicador estendido, um pai mostra para o filho, surpreso, que o compositor nem sequer carrega partituras.[1] O público não veio ouvir a orquestra de Weimar, veio ver Liszt dirigi-la.

Com os cabelos incomumente longos e um traje extravagante, o maestro começa a marcar o tempo com movimentos amplos que lembram relâmpagos, os quais seus músicos transformam em melodia. Em questão de segundos, os presentes se veem imersos em uma obra sem precedentes. Leva o nome de *Os prelúdios* e é o primeiro poema sinfônico da história. Inspirado em um poema do francês Alphonse de Lamartine, pode-se ler no prefácio da partitura: "O que é a vida senão uma série de prelúdios para essa canção desconhecida cuja primeira e solene nota é tocada pela morte? O amor é a aurora encantada de toda vida; mas que destino há cujas primeiras delícias da felicidade não são interrompidas por alguma tormenta?".[2]

Os olhos cristalinos dos espectadores vão se enchendo de notas e um feitiço toma conta da sala. Pouco antes de finalizar o primeiro movimento, um estrondo distrai tanto o público quanto os intérpretes. Não se trata de uma nota fora do lugar nem de uma corda arrebentada — é o próprio maestro gritando para sua orquestra: "Me deem mais azul! Por favor, não vão para o rosado!".[3]

Franz Liszt tinha uma qualidade singular: podia visualizar a música, uma condição conhecida como sinestesia, pela qual a estimulação de um sentido provoca uma experiência em outro. Liszt era um sinestésico auditivo-visual, alguém que associava cores a certos sons. Mas a cromestesia é apenas uma das mais de sessenta variedades conhecidas de sinestesia, que inclui perceber sabores ao ouvir palavras (léxico-gustativa), atribuir personalidades a símbolos como letras e números (personificação) ou perceber sensações físicas ao escutar sons (auditivo-tátil), entre muitas outras.

Por bastante tempo, acreditou-se que a sinestesia era uma circunstância excepcional, vivenciada por apenas uma em cada 100 mil pessoas. Hoje, estima-se que seja uma condição relativamente comum, sendo a sinestesia grafema-cor (ou seja, aquela que atribui a cada letra uma cor própria) a forma mais comum, afetando uma em cada cem pessoas. Embora as estimativas de sua prevalência possam variar, quase todos os estudos concordam que a genética familiar é muito significativa. Aproximadamente um em cada três sinestésicos tem um parente direto que apresenta essa condição, tanto que se postulou um modo dominante de herança ligado ao cromossomo X.

Sua alta incidência entre artistas levou à especulação sobre uma possível relação entre sinestesia e criatividade. Em 1989, um estudo descobriu que 23% dos estudantes de belas-artes sofriam dessa condição, uma porcentagem muito maior do que a da população em geral. O mesmo estudo revelou que o grupo de estudantes sinestésicos teve melhor desempenho em medidas de criatividade do que o grupo de controle.[4] A longa lista de artistas sinestésicos inclui Charles Baudelaire, Arthur Rimbaud, Alexander Scriabin, Vladimir Nabokov e David Hockney.[5] O caso mais conhecido, no entanto, é sem dúvida o do pintor russo Wassily Kandinsky, cujas pinturas levam nomes como *Composição*, *Improvisação* e *Impressão* e aspiram — em termos musicais — a formar um ciclo de *Sinfonias*.[6]

Considerado um dos pioneiros da arte abstrata, Kandinsky deixou seu cargo como professor de direito e economia com apenas trinta anos para estudar pintura na Academia de Belas-Artes de Munique. Uma exposição de pintores impressionistas em sua cidade natal, Moscou, deixou-o tão impressionado que ele decidiu abandonar tudo para tentar a sorte. Em particular, ele foi tocado por uma série de pinturas de Claude Monet intitulada *Palheiro em Giverny* (1886), que consiste em 25 quadros do mesmo palheiro em diferentes dias do ano. Obcecado pela luz e pela cor e pela maneira como elas interagem com o olho humano, Monet rejeitou as convenções de sua época, que priorizavam linhas e contornos, em favor da justaposição de cores por meio de pequenas pinceladas. Para ele, a relação entre as cores deve prevalecer sobre as formas. Essa concepção abriu amplamente as portas da arte moderna e questionou o modo de retratar a realidade.

"O quadro se mostrou para mim em toda a sua fantasia e em todo o seu encanto. Em meu íntimo, surgiu a primeira dúvida sobre a importância do objeto como elemento necessário em um quadro",[7] escreveria Kandinsky anos depois, já consolidado como um dos grandes teóricos da arte não figurativa.

Contudo, se o trabalho de Monet deixou uma grande impressão em Kandinsky, a música de Richard Wagner representou a verdadeira revelação. Foi durante um concerto no Teatro Bolshoi, em Moscou, que ele reparou pela primeira vez, ao menos de forma consciente, em suas experiências sinestésicas. *Lohengrin*, uma ópera monumental de Wagner, retiraria para sempre a venda de seus olhos: "Os violinos, os tons profundos dos contrabaixos e, muito especialmente, os instrumentos de sopro personificavam então para mim toda a força das horas do crepúsculo. Vi todas as minhas cores na mente, estavam diante de meus olhos. Linhas selvagens, quase enlouquecidas, desenharam-se diante de mim".[8]

A partir daquele momento, a música seria o eixo central de sua obra. Influenciado por músicos vanguardistas como Arnold Schönberg, que tinha abandonado a música tonal e harmônica em favor de sons atonais, Kandinsky também rejeitou objetos reconhecíveis em favor de cores discordantes. Ouvindo música enquanto pintava, ele afirmou que cada cor correspondia a um tom (o amarelo correspondia às notas de trompete; o azul-claro, às flautas; e o azul-escuro, a um violoncelo solene) e que suas combinações produziam frequências vibratórias semelhantes aos acordes de um piano.

Para Kandinsky, as cores eram as notas que teciam a melodia da alma. Daí o nome de seu livro, *Do espiritual na arte*, o primeiro tratado teórico sobre arte abstrata e um marco na história da arte moderna. Publicado em 1912, analisa a capacidade da cor de comunicar questões psicológicas e espirituais do artista. Inspirando-se no expressionismo austro-germânico e influenciado pela então inovadora psicanálise de Freud, segundo Kandinsky, a arte deveria ser uma manifestação do subconsciente, removendo o véu do aparente.

A guerra o forçou a fugir da Alemanha duas vezes, e ele se instalou definitivamente na França, onde morreria pouco antes do fim da Segunda Guerra Mundial. Quando em 1933 o governo nazista fechou a Bauhaus, a lendária escola de arte alemã da qual ele era professor, 57 de suas pinturas foram confiscadas e muitas delas destruídas no infame expurgo da arte degenerada.

Hoje, a arte abstrata e sua relação com outras disciplinas não podem ser compreendidas sem a obra de Wassily Kandinsky. Sua sinestesia lhe permitiu vincular diferentes estímulos — para a maioria de nós, independentes — e unificá-los em uma única experiência sensorial.

Construindo pontes: Multimodalidade e a linguagem como metáfora

Como é possível que os estímulos de uma modalidade ativem outra completamente distinta? A resposta pode estar na arquitetura de nosso cérebro, em especial sua "fiação". Ao nascer, nosso cérebro contém cerca de 1 trilhão de conexões chamadas sinapses (dez vezes mais do que o número de links da internet). No entanto, ao chegar à idade adulta, esse número diminui para 300 bilhões.[9] Isso se deve ao fato de que, durante a infância e a adolescência, as conexões entre os neurônios são selecionadas para criar uma comunicação mais eficiente. Em um processo conhecido como *pruning* (em inglês, "podar"), as sinapses que não são utilizadas regularmente são eliminadas. Dessa forma, as mais ativas se fortalecem, enquanto as que têm menos atividade se enfraquecem até serem descartadas.[10] Assim, um *pruning* deficiente provocaria um estado de hiperconectividade cerebral, ou seja, de ativação cruzada entre diferentes áreas do cérebro. Por conseguinte, um estímulo que ativasse neurônios auditivos poderia ativar também neurônios visuais e causar uma sinestesia. Se definirmos criatividade como a capacidade de gerar novas ideias ou de reconhecer diferentes possibilidades, vincular áreas que à primeira vista parecem desconexas é uma boa forma de fazer isso.

No entanto, a atividade cruzada entre diferentes grupos neuronais não é exclusiva da sinestesia. Na realidade, ela faz parte de uma capacidade fundamental conhecida como plasticidade cerebral. O sistema nervoso é capaz de mudar sua estrutura e funcionamento ao longo de toda a vida, o que lhe permite se adaptar a novas circunstâncias (base da aprendizagem) ou superar danos.

O neurologista indiano V. S. Ramachandran foi um dos primeiros a teorizar que a linguagem é um subproduto de nossa capacidade sinestésica inata.[11] Para ele, não é coincidência que a fala cotidiana esteja repleta de metáforas. Não é preciso ser poeta para dizer que alguém tem uma "voz cálida", que participou de uma "conversa amarga" ou que ouviu uma "piada picante". Existem evidências contundentes de atividade cruzada entre o giro angular — área do cérebro que integra a informação sensorial polimodal e que está relacionada à compreensão da linguagem — e os lobos parietal, temporal e occipital. Uma lesão nessa região provoca, entre outras coisas, um pensamento literal. Ou seja, os indivíduos são incapazes de reconhecer metáforas, e sua compreensão da linguagem se limita, portanto, ao significado literal das palavras.

Outro exemplo interessante são as metáforas sinestésicas relacionadas ao sentido do olfato. O bulbo olfativo apresenta projeções para o córtex orbitofrontal, que por sua vez está relacionado ao julgamento. Em todos os idiomas, fazemos julgamentos morais aludindo ao nosso paladar ("nojento", "de mau gosto", "*disgusting*", "*dégoutant*(*e*)", "*ekelig*"), dado que os mamíferos mais sociais se comunicam por meio do olfato.

Até mesmo a vocalização da fala poderia ser mediada por uma sinestesia inata. A atividade cruzada entre o córtex visual, o córtex auditivo e a área motora provocaria representações fonemáticas — não arbitrárias — dos objetos ao nosso redor. Um exemplo claro é o efeito Bouba/Kiki, documentado por Wolfgang Köhler em 1929.

Imaginemos que estamos em um planeta onde, em uma língua alienígena, uma das figuras a seguir se chama *Bouba* e a outra se chama *Kiki*. Qual nome corresponde a cada uma?

Independentemente da idade, nível educacional ou idioma, mais de 95% das pessoas escolhem o nome Kiki para a figura da esquerda e Bouba para a da direita. Isso ocorre porque as mudanças bruscas na direção visual das linhas na forma à esquerda imitam as inflexões fonêmicas um tanto bruscas do som |'kiki|; enquanto a forma redonda da figura da direita emula os movimentos amplos necessário para produzir o som |'bowβa|. Esse fato aparentemente óbvio tem consequências profundas: nossa linguagem é limitada pelas maneiras como os sons são impressos nos objetos. A vocalização está fisicamente ligada aos eventos aos quais se refere. Palavras que aludem à pequenez geralmente envolvem movimentos labiais estreitos e cordas vocais estreitas ("chico", "diminuto", "*little*", "*petite*", "*klein*"), e o oposto é verdadeiro para palavras que denotam vastidão ("grande", "enorme", "*big*", "*gross*").

Ainda que não se possa afirmar que a linguagem moderna tenha uma origem sinestésica, é possível que esses mecanismos tenham impulsionado o surgimento de uma protolinguagem que foi se transformando ao longo do tempo. Tudo indica que a atividade cruzada é um fenômeno natural que facilita a associação e a integração de informações localizadas em diferentes áreas, uma rede de mapas neurais que evoluiu até gerar fenômenos tão abstratos como nomear objetos, compreender metáforas ou dançar ao som de nosso ritmo preferido.

Até mesmo as emoções mais complexas, assim como aquelas que projetamos nos outros, podem ser produto da atividade cruzada. Um estudo da Universidade do Colorado revelou, em dois experimentos distintos, que a forma como percebemos os outros e como agimos é influenciada pelas informações que recebemos inconscientemente por meio de nossos sentidos.[12] No primeiro experimento, ofereceu-se bebida aos participantes enquanto eles avaliavam, por meio de um questionário, os traços de personalidade de outra pessoa. Aqueles que tomavam café quente durante a tarefa tenderam a classificar o outro com traços "quentes" (inteligente, simpático, extrovertido), enquanto os que tomavam café gelado o avaliaram com traços "frios" (reservado, distante, introvertido).

No segundo experimento, os participantes foram levados a acreditar que testariam compressas quentes ou frias como produtos terapêuticos. No final, foi-lhes oferecida a oportunidade de escolher uma recompensa: um presente para um amigo ou um presente para si mesmo. Aqueles que receberam as compressas quentes escolheram dar o presente a um amigo, enquanto os que usaram as compressas frias escolheram dar o presente a si mesmos. Descobriu-se que até os comportamentos mais abstratos são circunscritos por sensações tão básicas quanto a temperatura.

As funções cerebrais superiores, como o julgamento, o raciocínio, a motivação ou a linguagem, parecem estar subordinadas a um processamento sensorial muito mais simples. Conhecidas como marcadores somáticos, sensações corporais como aumento da frequência cardíaca ou cheiro de comida podre medeiam emoções mais complexas como ansiedade ou nojo.[13]

A ínsula é outra área do cérebro relacionada ao processamento de informações táteis (dor e temperatura) e gustativas. Suas conexões com outras áreas regulam muitos comportamentos, como prevenir a dor ou buscar recompensas. A atividade cruzada entre essa região e outras áreas superiores do cérebro (neocórtex) pode explicar por que nos referimos a alguém como "quente", "frio", "picante", "doce", "ácido". Não é de surpreender que estudos de ressonância magnética funcional mostrem o mesmo tipo de ativação na ínsula a estímulos desagradáveis, independentemente de serem orgânicos (um cheiro podre, uma fotografia de comida podre) ou sociais (expressões faciais, atos injustos).

Atividade neuronal cruzada e o segredo da criatividade

Embora inconscientemente, todos nós temos certa capacidade sinestésica. O tipo de sinestesia que se pode experimentar depende da atividade cruzada entre as diferentes áreas que coletam informações de nossos sentidos (visão = córtex occipital; olfato = bulbo olfatório; tato e paladar = ínsula; audição = córtex temporoparietal). Mas o que acontece quando um dos sentidos está faltando?

Certamente já notamos que pessoas que perderam um sentido parecem ser mais sensíveis aos restantes. Não deixa de nos surpreender, em uma cidade inclusiva, a agilidade com que algumas pessoas cegas navegam pelo mundo utilizando sua bengala. O mesmo acontece com uma pessoa surda que acompanha uma conversa. A deficiência de algum dos sentidos deve ser compensada pelos demais, e isso tem muito a ver com a atividade cruzada.

Em 1825, com apenas treze anos de idade, o francês Louis Braille inventou o sistema tátil de leitura e escrita que todos conhecemos hoje pelo seu nome. Após um acidente na oficina de seu pai, quando era muito jovem, Braille perdeu a visão. Poucos anos depois, ele adaptou um método militar de transmissão de ordens à noite para um alfabeto dirigido aos cegos. Com o passar dos anos, ele seria simplificado em um sistema universal de apenas seis pontos com 64 combinações possíveis nas quais as letras do alfabeto, sinais de pontuação, símbolos científicos e matemáticos e até notas musicais eram representados. Assim, usando o tato, uma pessoa cega agora é capaz de ler e escrever na mesma velocidade que uma pessoa sem essa incapacidade. Trata-se de um processo automático no qual, ao contrário do senso comum, as pessoas cegas conseguem "ver" símbolos. Estudos de imagem revelam que o córtex visual dessas pessoas é ativado durante a leitura em braille.[14]

Na visão, intervêm muitos processos complexos, que vão desde a ativação de fotorreceptores na retina, responsáveis por enviar a informação ao cérebro através do nervo óptico, até o processamento das imagens na parte posterior do cérebro (lobo occipital), conhecida como córtex visual. A maioria das pessoas cegas apresenta um déficit no transporte dessa informação, seja por um problema no olho e na retina (catarata, glaucoma, degeneração macular, retinopatia) ou no nervo responsável por conduzir a informação (neurite óptica, tumor, trauma). Sem a informação necessária, o córtex visual não pode gerar uma imagem; no entanto, as células permanecem funcionais, podendo ser ativadas se a informação for obtida por outros meios (tato, olfato, paladar, audição).

Pensemos no cérebro como um objeto dentro de uma caixa-preta, que é nosso crânio. Seu único contato com o mundo é através de nossos sentidos. Não importa o tipo de entrada (o input de um computador), ele sempre encontrará a maneira de dar sentido a essa informação e interpretar o mundo. Os morcegos, por exemplo, têm uma visão muito deficiente, mas podem "ver" através da ecolocalização. Utilizando o nariz e a boca, eles emitem sons de alta frequência (ultrassônicos) que se refletem nos objetos ao seu redor e são captados por ouvidos incrivelmente sensíveis. Dependendo da intensidade e do tempo, eles podem até determinar a distância, o tamanho, a forma e até a textura de um objeto. Isso lhes permite criar um mapa mental daquilo que os cerca e navegar com precisão. Os seres humanos também se valem desse tipo de estratégia para compensar a falta de informação visual. Um exemplo disso são as bengalas para deficientes visuais, que, através do som e das vibrações, ajudam a compor um mapa mental do ambiente em um processo conhecido como ecolocalização humana.

James Holman, um dos exploradores mais importantes do século XIX, visitou todos os continentes (incluindo uma viagem de trenó da Sibéria até a Mongólia) estando cego.[15] Ele foi eleito membro da Royal Society e da Linnean Society do Reino Unido, e seu trabalho como cientista e explorador inspirou um sem-número de pessoas, entre elas o próprio Charles Darwin. Valendo-se de habilidades como a ecolocalização, em 1832 ele se tornaria a primeira pessoa cega a circum-navegar o mundo. Em seus livros de viagens, ele descreve com riqueza de detalhes não o que vê, mas o que percebe: o aroma do cardamomo ao ancorar no porto de Bankot, na Índia; a textura da seda da medina de Marrakech; o canto das aves na Amazônia.

O fato de um sentido poder ser substituído por outro gerou uma onda de possibilidades terapêuticas para pessoas com alguma deficiência sensorial. Até poucos anos atrás, existiam apenas aparelhos que estimulavam diretamente o cérebro (como o implante coclear, um dispositivo que recebe, amplifica e estimula diretamente o nervo auditivo), o que resultava em procedimentos cirúrgicos caros e não isentos de complicações. Mas, atendendo ao princípio de que um sentido pode estimular outro (intermodalidade), hoje em dia existem vários dispositivos que permitem a uma pessoa compensar sua deficiência utilizando a plasticidade inata do cérebro. Trata-se de um campo emergente nas neurociências, o da substituição sensorial.

O dispositivo vOICe, por exemplo, tem uma pequena câmera incorporada que converte o vídeo em um padrão sonoro, de modo que recruta áreas cerebrais visuais para o processamento auditivo através de interações intermodais.[16] Assim, as pessoas cegas podem usá-lo como óculos e se orientar através dos sons (ao brilho é atribuído um volume e à elevação, um tom). Depois de algumas semanas de treinamento, os indivíduos conseguem identificar figuras geométricas, desviar de obstáculos e até pegar objetos.

Outro dispositivo semelhante, o BrainPort, consiste em uma câmera conectada por cabo a uma espécie de pá de plástico do tamanho de um selo postal que se sustenta com a boca. A resolução da câmera é reduzida a uma grade de quatrocentos pixels em tons de cinza que são transmitidos para a língua, um dos órgãos com mais terminações nervosas, através de quatrocentos eletrodos. Os pixels escuros provocam uma forte descarga, e os mais claros, uma espécie de formigamento, produzindo uma sensação que os indivíduos descrevem como "quadros pintados com bolhas diminutas".

O Transdutor Extra-Sensorial Versátil (Vest) é um colete com 32 pequenos motores conectados por bluetooth a um aplicativo compatível com qualquer smartphone. Ele transforma as frequências sonoras em estímulos táteis, o que permite a indivíduos surdos não apenas se relacionarem com os sons do ambiente, mas até compreenderem a linguagem falada.[17] E outro dispositivo chamado Eyeborg possibilita perceber cores por meio de sons. Inicialmente projetado para pessoas com dificuldade para distinguir cores (daltonismo), após anos de uso, algumas pessoas cegas de nascença apresentaram certa ativação cerebral nas áreas visuais.[18]

Mesmo quando o cérebro jamais "viu", é possível criar uma experiência visual. À medida que os custos diminuam, esse tipo de tecnologia favorecerá a inclusão social das pessoas com alguma deficiência sensorial, pois representará um avanço não apenas para a neurociência, mas também para a sociedade.

Expandindo o mundo: A substituição sensorial e o início da era ciborgue

Embora não seja necessário ser Franz Liszt ou Wassily Kandinsky para viver uma experiência sinestésica, nem o fato de ser sinestésico nos torna automaticamente artistas, é claro que nem todos experimentam a sinestesia com a mesma intensidade. A tecnologia, como vimos, funciona como uma ponte que nos permite explorar as diferentes modalidades.

O Centro Pompidou, em colaboração com o Google Arts & Culture, criou um projeto digital que nos permite mergulhar na obra e na mente de Kandinsky. Combinando inteligência artificial com música, esse programa interativo evoca parte de seu mundo sinestésico.[19] De cada cor e de cada figura, surge, tom a tom, o substrato musical da obra. Claro, essa experiência é minúscula em comparação com a verdadeira experiência. Será possível, através da tecnologia, valer-se da atividade cerebral cruzada para gerar não apenas sinestesias, mas sensações completamente novas?

Nossa visão está limitada pelo espectro eletromagnético que os fotorreceptores da retina conseguem perceber (espectro visível), o que abrange uma faixa de comprimento de onda entre 380 e 750 nanômetros, apenas uma fração das ondas eletromagnéticas. As cobras, através de suas narinas, conseguem detectar comprimentos de onda muito mais amplos, incluindo os raios infravermelhos. Em termos de audição, somos animais bem mais limitados, pois captamos apenas frequências de ondas entre 20 e 20 000 hertz (Hz), um alcance muito inferior ao dos golfinhos, que percebem frequências de até 160 000 Hz (ultrassom). Assim, a realidade que nosso cérebro consegue compor está restrita pela capacidade de nossos sentidos. Vivemos em um mundo limitado, enclausurados entre as paredes de nossa biologia. Como seria perceber o que está além dos limites estabelecidos? Quantos mundos permanecem ocultos?

David Eagleman, neurocientista norte-americano, acredita que a substituição sensorial é apenas um passo para a expansão de nosso próprio universo, uma forma de ampliar a experiência humana. Seguindo esse princípio e usando técnicas não invasivas para transmitir informações ao cérebro por meio de outros sentidos, seria possível criar uma realidade sensorial aumentada. Adicionar sentidos "extras" ao cérebro exigiria pouco esforço: por meio da língua ou de vibrações no peito, poderíamos perceber dados sobre variações climáticas, campos magnéticos ou até mesmo as ações da Bolsa de Valores.

Como é comum, o que na ciência ainda é uma teoria, na arte já se pratica. Neil Harbisson, um artista hispano-irlandês, é considerado por muitos o primeiro ciborgue. Em 2004, após várias negativas de comitês bioéticos, implantou uma antena em seu crânio capaz de transformar cores, incluindo o espectro infravermelho e ultravioleta, em ondas sonoras. Originalmente, ele idealizou esse sensor para combater sua condição extrema de daltonismo, a acromatopsia, que afeta uma em cada 33 mil pessoas e dá uma visão do mundo em escala de cinza. Agora, as cores do mundo lhe são apresentadas em forma de sons: "Gosto de ouvir Warhol e Rothko porque seus quadros produzem notas claras. Não consigo ouvir Da Vinci ou Velázquez porque usam tons muito parecidos: soam como a trilha sonora de um filme de terror".[20]

A antena de Harbisson está conectada à internet, permitindo-lhe receber informações via satélite. Assim, cinco de seus amigos, localizados em cinco continentes diferentes, têm permissão para enviar imagens, vídeos, sons e até fazer chamadas telefônicas para sua cabeça. Em uma das performances artísticas mais controversas da última década, ele pediu aos transeuntes na Times Square que pintassem diferentes faixas de cores em uma tela e as enviassem pela internet. Para surpresa de todos, ele foi capaz de reproduzi-las corretamente de um edifício a centenas de metros de distância.

Neil Harbisson, que se considera um ativista do trans-humanismo, travou uma batalha legal com as autoridades migratórias do Reino Unido, que se opunham a emitir um passaporte com sua antena na foto. O artista venceu o processo, alegando que a antena não era uma peça de tecnologia, mas uma parte de seu corpo; ou seja, Harbisson não acredita estar usando tecnologia, mas ser ele mesmo tecnologia: "Devemos pensar que o conhecimento vem de nossos sentidos. Se expandirmos nossos sentidos, consequentemente expandiremos nosso conhecimento".[21]

Interpretamos o mundo através de diferentes modalidades sensoriais e, no ponto de união dessas modalidades, se manifesta tudo o que vemos e sentimos. Seja durante uma conversa ao jantar ou dirigindo a *Rapsódia húngara*, a sinestesia — de forma consciente ou não — faz parte de nossa vida. Cabe a cada um de nós decidir os limites do mundo. Dentro de todos nós, há um artista que, com sua paleta de cores, vai compondo o quadro de sua realidade.

4. A matéria dos sonhos

Da idade dourada de Viena ao México surrealista

Nós somos da matéria de que é feito o sonho,
E nossa diminuta vida é circundada
Por um adormecer.

William Shakespeare, *A tempestade*, 1611

Há um caminho de regresso da fantasia
para a realidade, e esse caminho é a arte.

Sigmund Freud

Uma borboleta que nos sonha: Os sonhos através da história

Por volta de 300 a.C., o filósofo chinês Chuang-Tzu escreveu uma coleção de anedotas, alegorias, parábolas e fábulas que com o tempo se tornaria o texto fundacional do taoismo, uma das mais antigas e influentes escolas filosóficas e religiosas, que perdura até hoje. Com histórias curtas e aparentemente simples, Chuang-Tzu embarca em reflexões profundas sobre a existência. Tão transcendentes são seus pensamentos que tanto filósofos orientais quanto ocidentais (Nietzsche, Wittgenstein, Lacan, Zizek) continuaram debatendo e reinterpretando seu significado. Em um dos fragmentos mais belos e sutis de sua obra, lê-se: "Chuang-Tzu sonhou que era uma borboleta. Ao acordar, não sabia se era um homem que tinha sonhado ser uma borboleta ou uma borboleta que sonhava ser um homem".[1]

Dois milênios depois, essas linhas voam como borboletas em nossa cabeça, pois contêm uma obsessão atemporal do ser humano: o mundo dos sonhos. Muito antes de *A origem*, de Christopher Nolan, e com maior ousadia narrativa, Chuang-Tzu questionou a veracidade da vigília e sugeriu que esse outro mundo, o onírico, é o verdadeiro.

Ao longo da história, diferentes civilizações se maravilharam com o fenômeno mágico dos sonhos.[2] Na Biblioteca Real de Assurbanipal, na Babilônia, foi encontrada uma grande coleção de livros sobre sonhos, escritos em cuneiforme, em tábuas de argila de 5000 a.C. Para os assírios e babilônios, os espíritos dos mortos se manifestavam nos sonhos. Os antigos egípcios, por sua vez, construíram templos dedicados a Serápis, o deus dos sonhos. Tamanha era a importância que tinham no antigo Egito que saber interpretá-los constituía uma das profissões mais valorizadas, por isso não é de surpreender que, no Gênesis, José ganhe a confiança do faraó por meio da interpretação dos sonhos. Os patanis da Tailândia, os bantus da África e os inuítes de Quebec concordam que, enquanto se sonha, a alma se separa do corpo e as consequências às vezes podem ser fatais. Os antigos gregos desenvolveram técnicas para induzir sonhos que incluíam o isolamento, o jejum e até a automutilação. "Em todos nós, até mesmo nos melhores homens, existe uma natureza animal e selvagem que surge nos sonhos", escreve Platão na *República*, 2 mil anos antes de Freud introduzir o conceito de inconsciente. Descartes formulou seu famoso axioma "Penso, logo existo" ao acordar, confuso por não poder distinguir a vigília do sonho. Borges dizia que os sonhos são a atividade estética mais antiga, pois o sonhador é diretor, ator e até espectador de sua própria obra. O surpreendente, dizia Groussac, é que, a cada manhã, depois de passar por essa zona de sombras e labirintos, despertemos sãos.

O que são exatamente os sonhos? Diferentes filósofos e pensadores assumiram a tarefa de decifrar sistematicamente seu propósito e significado. No século II d.C., Artemidoro Daldiano escreveu a *Oneirocritica*, uma extensa obra de cinco volumes sobre interpretação de sonhos que surgiu de suas viagens pela Grécia, Itália e Ásia Menor, onde passou anos estudando e coletando o trabalho de outros intérpretes. Artemidoro sugere que os sonhos são únicos para cada indivíduo, e que experiências e emoções afetam os símbolos que sonhamos.

Foi apenas no fim do século XIX, com o surgimento da revolução científica, que os sonhos começaram a ser estudados como um fenômeno biológico. Wilhelm Weygandt, filósofo, teólogo, pedagogo e médico alemão, intuiu que "todo sonho emana de impressões sensoriais", que ele classificou em dois grupos: estímulos internos e externos. Os estímulos internos incluem processos fisiológicos como respiração, circulação, mudanças de temperatura, necessidade de urinar e posição de dormir. Os externos, as sensações visuais ou auditivas. Para Weygandt, as associações ou "imagens de memória" derivam das imagens geradas pela impressão sensorial e sua carga emocional correspondente. Como exemplo, ele relata um sonho recorrente em que está escalando uma montanha e, à medida que o caminho se torna mais íngreme, ele começa a sentir falta de ar e uma sensação de sufocamento o desperta. A mesma asfixia, ele intui, que sente durante os ataques de asma que sofre desde a infância e que tanto o angustiam.[3]

A interpretação dos sonhos, de Sigmund Freud, publicado em 1900, marcaria uma nova era no estudo da mente humana. Uma peça fundamental da psicanálise, esse livro pode ser considerado o precursor da neuropsicologia moderna. Embora sua maior fraqueza esteja na falta de empirismo, razão pela qual várias de suas teorias são consideradas equivocadas hoje em dia, muitas das ideias que ele contém continuam sendo centrais para a neurociência moderna. A primeira é que quase toda a nossa vida mental, incluindo a maior parte de nossa vida emocional, acontece de maneira inconsciente. Em outras palavras, as ilhas de experiência consciente são realmente raras e constituem a exceção, e não a regra. A segunda grande ideia é que instintos como agressão ou desejo sexual, assim como comer ou beber, são incorporados à psique humana, à nossa genética, e são evidentes desde cedo. A terceira ideia, e provavelmente a mais original, é que a atividade mental deriva de leis científicas. Independentemente da complexidade ou intensidade de nossos pensamentos e emoções, estes são determinados por um substrato biológico.[4]

Para Freud, o sonho é dividido em duas partes: o conteúdo manifesto e o conteúdo latente. O conteúdo manifesto corresponde ao que é aparente, ao que lembramos quando acordamos. O significado latente, por outro lado, é o significado oculto do sonho, que é expresso por meio de símbolos, sejam eles universais ou pessoais. Segundo Freud, os sonhos, além de serem uma manifestação do inconsciente, são também uma forma de satisfazer desejos não satisfeitos na realidade e de manter o equilíbrio psíquico.[5] Ou seja, eles têm uma dupla finalidade: servir como porta de entrada para o inconsciente e como mecanismo terapêutico para o psiquismo.

As ideias de Freud e a psicanálise foram além dos círculos científicos de sua época. No ano da publicação de *A interpretação dos sonhos*, Viena atravessava sua época dourada. Artistas, escritores, filósofos e cientistas de todo o mundo eram atraídos para a capital cultural da Europa. Suas políticas liberais e suas fronteiras abertas criaram um terreno fértil para o movimento modernista. O ambiente intelectual da classe média dominante resultou em um intercâmbio de ideias que alimentou todos os campos, fazendo com que a atividade criativa nas artes, história e literatura se desenvolvesse paralelamente aos avanços na ciência e medicina. Foi nesse contexto de renovação dos salões e cafés vienenses que se questionaram as ideias do Iluminismo, que enfatizavam o comportamento racional dos seres humanos, em especial após a Revolução Industrial, quando as altas expectativas do racionalismo se desfizeram diante da brutalidade da vida moderna. A verdade já não era sinônimo de beleza e frequentemente se ocultava sob o aparente. A mente humana não era governada apenas pela razão, mas também por emoções irracionais.

Sigmund Freud, influenciado por filósofos como Friedrich Nietzsche e cientistas como Charles Darwin, postulou em sua teoria psicanalítica que o inconsciente era a força motriz. Artistas como Gustav Klimt, Egon Schiele e Oskar Kokoschka, contemporâneos e admiradores da psicanálise, extrapolaram suas ideias para o campo das artes, dando origem ao expressionismo austríaco. Esse movimento priorizava a subjetividade sobre a descrição objetiva da realidade, não com o objetivo de retratar a vida humana, mas de expressar os sentimentos que dela derivam, de encontrar a verdade escondida sob a superfície.

Com a dissolução do Império Austro-Húngaro depois da Primeira Guerra Mundial, a capital cultural da Europa se mudou para Paris, onde vários artistas continuaram a incorporar a teoria do inconsciente em suas obras. Os estragos da guerra acentuaram a animosidade em relação ao positivismo, uma vez que a razão tinha falhado como caminho para um mundo melhor. Paradoxalmente, o mundo da razão se tornara uma catástrofe impossível de entender. Nesse contexto, surgiu o surrealismo, movimento artístico inspirado nas ideias de Freud sobre o inconsciente, os sonhos e a livre associação de ideias. Para André Breton, fundador do movimento, a arte era um veículo para a expressão do inconsciente. Como na psicanálise, os sonhos eram a manifestação disso, portanto deveriam constituir a matéria-prima das obras de arte. Por essa razão, o onirismo foi fundamental ao surrealismo. Dos filmes de Luis Buñuel às pinturas de Salvador Dalí, passando pela poesia de Paul Éluard e Robert Desnos, o sonho foi um elemento vital do movimento.

Cabe dizer que Freud nunca se inclinou pelo surrealismo; ele próprio admitiu não conseguir compreendê-lo. Após um encontro com Salvador Dalí, Freud escreveu a Stefan Zweig: "[Até sua visita] eu me sentia inclinado a considerar os surrealistas, que ao que parece me escolheram como seu santo padroeiro, como absolutamente malucos; no entanto, com seus olhos fanáticos e sua técnica invejável, ele me fez reconsiderar minha opinião".[6] Em geral, Freud sempre se mostrou relutante em relação à arte moderna, sobretudo a movimentos como o surrealismo e o expressionismo, que se apoiavam em suas ideias. Ironicamente, seu neto, Lucian Freud, se tornaria um referencial em ambos, embora seu trabalho evoluísse para um realismo mais cru.

México, o sonho dos surrealistas

Do outro lado do oceano Atlântico, no México, fervilhava um estilo de arte revolucionário jamais visto na Europa. Oposta à cultura hegemônica burguesa, a arte mexicana se nutria das tradições populares e dos vestígios dos mitos pré-hispânicos. O muralismo mexicano estava em seu apogeu, e nomes como Diego Rivera, Alfaro Siqueiros e José Clemente Orozco ressoavam em todo o mundo. O auge de outras disciplinas, como a pintura, a escultura, a arquitetura, a fotografia, a literatura e o cinema, também contribuiu para colocar o México sob os holofotes. Juan O'Gorman, Frida Kahlo, María Izquierdo, Luis Barragán, Manuel Álvarez Bravo e Gerardo Murillo, entre muitos outros, inovaram em inúmeros campos.

Em 1938, André Breton visitou, junto com sua esposa, a pintora Jacqueline Lamba, a Cidade do México, hospedando-se na casa-ateliê de Diego Rivera e Frida Kahlo durante quatro meses.[7] Desde sua chegada, Breton ficou estupefato. As ruínas ancestrais, as exuberantes paisagens naturais, os cemitérios iluminados por velas no Dia dos Mortos, a concepção sobre a vida e a morte, os mitos populares, até mesmo as crianças comendo as caveiras de açúcar nas ruas, materializavam o mundo onírico que ele tanto havia almejado. O México era o país onde a fronteira entre o imaginário e o real se perdia. Como anedota, Breton comentou que "o México é o país mais surrealista do mundo". Ao voltar para a Europa, ele se dedicou a organizar exposições e a promover a arte mexicana. No entanto, poucos artistas mexicanos mostraram interesse em se integrar ao movimento surrealista, pois já possuíam um movimento próprio.

Com o início da Segunda Guerra Mundial e a expansão do fascismo na Europa, muitos artistas europeus encontraram refúgio no continente americano. Alguns, contagiados por Breton, decidiram mudar-se para o México. Nesse êxodo, chegaram ao país latino-americano duas artistas extraordinárias: Leonora Carrington, nascida na Inglaterra, e Remedios Varo, de origem espanhola. Ambas fariam do México seu lar até o fim da vida; e dos sonhos, o material de sua arte. A vida delas foi um jogo de espelhos. Conheceram-se em Paris, nos anos 1930, as duas recém-chegadas com seus respectivos esposos, Max Ernst e Benjamin Péret, proeminentes artistas surrealistas. Quando a guerra estourou na Europa, ambas foram detidas com seus companheiros: Leonora Carrington e Max Ernst pela polícia francesa (devido à origem alemã dele) e Remedios Varo e Benjamin Péret por oficiais alemães após a ocupação nazista.[8] Depois de muitas dificuldades, as duas pintoras chegaram ao México, onde sua condição de exiladas políticas e estrangeiras fortaleceria seus laços. Tanto Carrington quanto Varo continuaram a experimentar com o surrealismo, desenvolvendo obras cada vez mais fantasiosas e inquietantes. Como nenhum outro artista de sua época, exploraram o mundo do misticismo, do esoterismo e da metafísica e, por meio de metáforas complexas, expandiram o campo da psicanálise para o terreno do sobrenatural, utilizando seres mitológicos e fantasmagóricos como guias rumo ao inconsciente. "Em que medida o surrealismo contribuiu para a arte em geral?" "Na mesma medida em que a psicanálise contribuiu para a exploração do subconsciente."[9]

Mulher saindo do psicanalista (1960), de Remedios Varo, é talvez a obra em que melhor se visualizam os laços que unem o surrealismo à psicanálise. Trata-se de um quadro complexo, do qual até hoje seguem aparecendo diferentes interpretações. Uma figura feminina, coberta por um manto verde-oliva, de compleição fina e esguia, com cabelos grisalhos como relâmpagos agitados sobre um rosto juvenil, sai de um cômodo cujo batente exibe uma placa com a inscrição "Dr. F. J. A.". Nas dobras do manto forma-se outro rosto, como uma máscara em negativo. A mulher carrega na mão direita uma pequena cesta contendo um relógio, uma chave e um fuso para fiar. Sua mão esquerda deixa cair uma cabeça masculina dentro de um poço no qual se reflete a lua. O caminho que percorre é um círculo que sempre a leva ao mesmo lugar. A cena em si parece saída de um sonho, como a própria artista admitiria posteriormente em uma entrevista.

O título revela o significado da obra. Uma mulher sai do consultório de um psicanalista, o dr. F. J. A., cujas iniciais remetem a Freud, Jung e Adler, os pais da psicanálise. O rosto que se desenha nas dobras, como um reflexo, é a face oculta do inconsciente, e cada objeto na pequena cesta é um símbolo: o relógio representa o tempo que corre, a chave é a que abre a porta para outro mundo, e os fios são aqueles que tecem o destino. A cabeça masculina que cai simboliza a liberação da figura paterna (complexo de Édipo). "Soltar é o que se deve fazer ao sair da psicanálise", explicou Remedios Varo quando lhe perguntaram sobre o quadro.[10]

Em um meio repleto de artistas homens, onde as mulheres eram relegadas ao papel de musas, ser uma artista implicava

Remedios Varo, *Mulher saindo do psicanalista* (1960).

(e ainda implica) uma luta constante. Participar do movimento surrealista já era um ato subversivo, mas fazê-lo como mulher independente era quase impensável. Apesar disso, as duas pintoras conseguiram conquistar seu espaço entre os demais artistas, transgredindo as normas sociais tanto com seu comportamento quanto com sua pintura. O feminino adquiriu então uma textura raramente vista. Longe dos corpos femininos seminus e estereotipados, suas pinturas foram povoadas por mulheres (alquimistas, feiticeiras, médiuns) donas de seu próprio destino. Sua vida e suas obras logo se tornaram símbolos do feminismo da época.

Leonora Carrington, por exemplo, foi a primeira artista mulher a expor individualmente na prestigiosa galeria Pierre Matisse, em Nova York. Depois de ler *A deusa branca* (1944), de Robert Graves, no qual se relata o predomínio das culturas matriarcais na Europa e no Oriente Médio durante a Idade da Pedra — algo refletido em seus mitos e divindades — até a irrupção das sociedades patriarcais, Carrington incorporou essas tradições esquecidas em sua arte, criando camadas enigmáticas de significado e novos símbolos feministas.[11] Em 1963, o governo mexicano encomendou a Carrington um mural para o Museu Nacional de Antropologia. Ela o intitulou *O mundo mágico dos maias*, e nele domina a temática dos sonhos. Nove anos mais tarde, realizaria *Mulheres consciência* (1972), o pôster símbolo do movimento feminista no México.

Com o tempo, o estilo das duas pintoras se tornou tão singular que não houve como enquadrá-lo em um único movimento. Seus trabalhos ultrapassavam largamente os dogmas burgueses e o egocentrismo para o qual o surrealismo havia descambado, tornando inevitável sua ruptura com o movimento. Remedios Varo afirmou: "Estive com eles porque sentia certa afinidade. Hoje não pertenço a nenhum grupo; pinto o que me ocorre e pronto. Não quero falar de mim, porque tenho muita crença de que o que importa é a obra, não a pessoa".[12] Como escreveu em uma carta à sua família a respeito do quadro *Harmonia* (1956), ela havia se lançado a uma tarefa própria: "Encontrar o fio invisível que une todas as coisas".[13]

Tanto o surrealismo quanto os demais movimentos de arte figurativa e não figurativa continuaram a incorporar as ideias da psicanálise. Atualmente, a relação entre arte e psicanálise é tão estreita que, em muitas ocasiões, a primeira é utilizada como ferramenta diagnóstica e terapêutica, e os sonhos continuam sendo uma ferramenta importante para muitos psicanalistas e neuropsicólogos. Mais de cem anos após as teorias de Freud, avançamos muito em seu estudo, embora seria um erro afirmar que conhecemos seu propósito — se é que ele existe. A visão atual, pelo menos na neurociência, é um pouco mais pragmática e se concentra no processo geral do sonho, mais do que em seu conteúdo.

A ciência do sono

Passamos um terço de nosso dia — e, portanto, de nossa vida adulta — dormindo. Aproximadamente, sonhamos duas horas a cada noite (cada sonho dura entre cinco e vinte minutos), embora nossa percepção seja diferente. Ao dormir, atravessamos um ciclo de duas fases: o movimento ocular rápido (REM, na sigla em inglês) e o sono não REM. Cada ciclo dura entre oitenta e cem minutos, de modo que, a cada noite, completamos entre quatro e seis ciclos. Entre um ciclo e outro, é comum despertarmos, ainda que não nos lembremos disso no dia seguinte. A fase não REM, por sua vez, é composta de três etapas de transição: vigília, sono leve e sono profundo. Os benefícios fisiológicos são relativamente claros: regula-se o sistema circulatório, liberam-se diferentes hormônios que desempenham funções metabólicas importantes, consolida-se a memória e até mesmo se fortalece o sistema imunológico; em adolescentes e crianças, o sono ainda promove o crescimento e o desenvolvimento.[14]

O sono REM é muito mais misterioso, e é justamente a fase em que sonhamos. Eugene Aserinsky, estudante de doutorado da Universidade de Chicago, conectou dois eletrodos ao filho de oito anos para medir sua atividade cerebral enquanto dormia. Ele sabia que o movimento dos olhos gerava sinais que não deveriam ser confundidos com a atividade elétrica do cérebro. Durante a noite, observou essas marcas e se aproximou do filho pensando que ele estivesse acordado. Para sua surpresa, o menino dormia, embora seus olhos se movessem de um lado para outro.

Em experimentos posteriores, observou-se que as pessoas acordadas durante essa fase recordavam seus sonhos com mais frequência. Logo, o fenômeno passou a ser chamado de sono paradoxal, pois era evidente que o cérebro trabalhava tanto quanto na vigília. Durante a fase REM, algumas estruturas cerebrais consomem mais glicose e oxigênio do que quando estamos acordados, contrariando a percepção de que o sono está relacionado apenas ao descanso.

A fase REM do sono não é exclusiva dos seres humanos; todos os mamíferos e algumas espécies de aves e répteis apresentam esse fenômeno. Até onde podemos inferir, animais não humanos também sonham. A atividade neuronal é tão intensa durante essa fase que, não fosse um mecanismo que bloqueia os movimentos musculares, levantaríamos e executaríamos as ações que estamos sonhando (sua contraparte é a paralisia do sono: quando acordamos e esse mecanismo ainda impede nossos movimentos por um breve tempo). De fato, é a fase REM que explica por que algumas pessoas chutam ou desferem golpes enquanto dormem. É tão importante que alguns a chamaram de "o terceiro estado", depois da vigília e do sono profundo.[15]

No entanto, tudo isso não explica o fenômeno em si. No fim dos anos 1970, Allan Hobson, psiquiatra da Universidade de Harvard, propôs que os sonhos derivavam dos sinais conduzidos através do tronco cerebral e que o cérebro confundia como provenientes do mundo externo. Ele sugeriu que o papel funcional do sonho consistiria em um processo de aprendizagem: sonharíamos para adquirir habilidades que poderiam nos ser úteis no dia a dia. Francis Crick (descobridor da estrutura do DNA) e Mitchison argumentaram, nos anos 1980, que o sonho seria antes uma espécie de "aprendizado reverso", importante para descartar operações e redes neuronais desnecessárias.[16] Outros pesquisadores apontaram, no início do século, que se trataria de uma espécie de simulação — uma ferramenta evolutiva de sobrevivência que nos permite nos preparar, sem riscos, para situações extremas. As teorias mais modernas duvidam até mesmo que os sonhos tenham um propósito. Em 2021, os neurocientistas David Eagleman e Don Vaughn argumentaram que o sonho é apenas um epifenômeno da atividade cerebral, um subproduto da neuroplasticidade. Durante o sono, vivencia-se um longo período de escuridão. Por falta de estímulos, o lobo occipital é ativado por outras áreas do cérebro, incluindo as que processam informações sensoriais e também nossas emoções. Segundo essa teoria, os sonhos seriam uma espécie de alucinação visual causada pelas interações entre diferentes áreas cerebrais.[17]

Como podemos ver, atualmente ainda não existe consenso. A ciência do sono polariza os cientistas assim como, há milênios, polarizava reis e feiticeiros. Não estamos muito longe daqueles intérpretes que esvaziavam bibliotecas em busca de uma explicação, mas é justamente esse mistério que confere ao sonho um valor quase sobrenatural.

Edward James, o devoto mecenas do surrealismo, embarcou no final da década de 1940 em uma excursão pela serra do estado de San Luis Potosí, no México. Apaixonado por entomologia, ao chegar a algumas piscinas naturais alimentadas por cascatas, milhares de borboletas voaram ao seu redor, escurecendo o céu. Tamanha foi sua fascinação que ele dedicou a vida a construir ali mesmo seu "jardim do Éden". Comprou mais de 20 mil orquídeas, veados, jaguatiricas, papagaios e outros pássaros e, nas décadas seguintes, edificou labirintos e pontes, colunas dóricas, passagens secretas e escadas que pareciam tentar alcançar o céu. Hoje, o Jardim Escultórico de Edward James, mergulhado na selva tropical do município de Xilitla, ergue-se entre as lianas como uma verdadeira cidade surrealista. É um pequeno paraíso onde os rios fluem entre esculturas quiméricas, o estrondo dos pássaros adensa a neblina e duas escadas de mais de três andares de altura se entrelaçam em espiral, levando ao nada.[18] A cidade mais surrealista dentro do país mais surrealista, nascida do sonho de um homem e de uma borboleta.

5. A outra face do mundo

Anton Räderscheidt, Otto Dix e os hemisférios cerebrais

> *Há uma substância das coisas que não se desfaz quando as asas da beleza a tocam. Às vezes, perdemos isso de vista nas esquinas da vida; mas ela nos segue com seu desejo de permanência...*
>
> Nuno Júdice

Perceber e interpretar o mundo: A síndrome da heminegligência

Qualquer um que já tenha aprendido um novo idioma passou por isto: ao tentar representar o que está diante de nós — e, às vezes, dentro de nós —, precisamos nos ajustar às palavras, nos limitar ao capricho de seu significado e de seu contexto. Acessamos o mundo por meio da linguagem, ou seja, nossa experiência subjetiva depende em grande medida das palavras, desses "símbolos que postulam uma memória compartilhada".[1] As palavras descrevem a realidade e, em algumas ocasiões, dizem muito sobre como a interpretamos.

Recuperemos a palavra "percepção", chave para este capítulo. Do latim *per-* ("por completo") e *capere* ("capturar"), implica a ação de "capturar o todo".[2] Em alemão, a imagem é semelhante, mas a meu ver muito mais precisa: o substantivo é composto de duas palavras, *Wahr* ("verdadeiro") e *nehmen* ("tomar"). Assim, *Wahrnehmung* alude ao ato de capturar apenas o que é verdadeiro. Sob essa luz, a palavra sugere que diante de nós há muitas coisas que nos escapam, e que consideramos real apenas aquilo que conseguimos apreender. Isso se assemelha bastante à forma como funciona nosso cérebro, que filtra uma tormenta de estímulos para construir algo minimamente navegável.

Entre o fim do século XIX e o começo do século XX, muitos artistas questionaram o papel da arte como simples imitadora da realidade. Com o surgimento da fotografia, a pintura se libertou da tarefa de retratar fielmente — ou, melhor dizendo, idealmente — o que os olhos viam; assim, muitos artistas começaram a experimentar novas técnicas, formas e perspectivas que deram origem a uma explosão de movimentos que hoje agrupamos sob o nome de arte moderna. Os impressionistas, por exemplo, buscaram plasmar a realidade conforme a percepção das cores sobre as formas. Nas décadas seguintes, os expressionistas se opuseram à objetividade do impressionismo e começaram a retratar não a realidade externa, mas a realidade interna dos sujeitos. Ou seja, não o que viam, mas as emoções que aquilo lhes provocava.

Outros consideraram a realidade como uma interação dinâmica entre o mundo externo e o interno. Nesse contexto, surgiu na Alemanha dos anos 1920 um movimento chamado Neue Sachlichkeit ou Nova Objetividade, que se opunha à abstração radical do expressionismo e buscava regressar a uma realidade mais objetiva, mas sem cair no sentimentalismo dos impressionistas. Entre as figuras centrais desse movimento encontramos os alemães Anton Räderscheidt e Otto Dix, que propunham "retornar ao mundo do visível" e "ver as coisas como elas são".[3] Ambos, porém, sofreram um derrame cerebral que alterou sua forma de perceber o mundo e os objetos. As coisas nem sempre são o que vemos.

Em 1968, Anton Räderscheidt, de 75 anos, recuperava-se em uma clínica depois de sofrer um acidente vascular cerebral. Uma das principais artérias que forneciam sangue à parte média do hemisfério direito de seu cérebro foi obstruída por um trombo, provocando um infarto cerebral. Assim como nos infartos cardíacos, a falta de irrigação sanguínea se traduz em falta de oxigênio, necessário para que as células do cérebro desempenhem suas funções. Em questão de minutos, os neurônios entram em um processo conhecido como morte celular que, depois de algumas horas, se torna irreversível. O dano — em seu caso — foi extenso, mas não letal. Em poucos dias, Räderscheidt pôde falar, recuperou seu bom humor e, embora o lado esquerdo de seu corpo tenha ficado completamente paralisado (hemiplegia esquerda), havia esperança de melhora. Os médicos lhe explicaram que o hemisfério direito do cérebro é responsável pelas ações motoras e sensitivas do lado esquerdo, enquanto o hemisfério esquerdo é responsável pelo lado direito. Por sorte — pensava Räderscheidt —, ele era destro, o que lhe permitiria seguir pintando para matar o tempo durante a longa reabilitação.

Ele pediu seus materiais de trabalho e decidiu pintar aquilo com que mais se identificava: ele mesmo. Deitado em sua cama de hospital, sentia o pincel descansar naturalmente entre seus dedos e, a cada traço, recuperava a segurança. Ao finalizar o autorretrato, sentiu-se satisfeito e mostrou seu trabalho ao fisioterapeuta com a emoção de uma criança. Este o devolveu com um sorriso longo que não conseguiu disfarçar olhos cheios de angústia. "Vamos conversar com o terapeuta ocupacional", murmurou como veredicto diante de sua mais recente obra.

Embora o quadro tivesse a técnica impecável do artista, estava desequilibrado. O rosto na tela pendia totalmente para a direita, deixando que um mar branco tomasse conta da metade esquerda. Inclusive, a maioria dos elementos que deveriam compor aquele lado do rosto estava ausente.

Essa assimetria não se limitava apenas ao retrato: Anton Räderscheidt saboreava somente a comida que ocupava a parte direita do prato, perfumava apenas o lado direito do pescoço, atendia ao seu nome apenas se pronunciado à sua direita. O pior era que parecia não se dar conta disso. Vivia em um mundo assimétrico, como se só existisse o lado direito, como se negasse sua contraparte.

Os autorretratos de Räderscheidt de 1968 revelam muito sobre a percepção humana, em que a representação interna do mundo nem sempre coincide com a realidade objetiva. Após o infarto cerebral, Räderscheidt passou a sofrer da síndrome de heminegligência, que, em termos acadêmicos, se define como uma sequela do dano cerebral em que os indivíduos falham em reconhecer, orientar-se ou responder a estímulos que ocorrem no lado contralateral à lesão.[4] Vale ressaltar que esse déficit não é causado por uma perda sensitiva (como na hemianopsia, em que as vias de processamento visual estão diretamente afetadas, resultando em cegueira em um dos campos de visão), mas sim por um déficit de processamento. Em outras palavras, não tem a ver com um mau funcionamento dos sentidos, mas sim do sistema de atenção.

Depois de um acidente vascular cerebral, até 80% dos pacientes podem apresentar heminegligência.[5] Curiosamente, essa condição é cinco vezes mais comum quando a lesão ocorre no lado direito do cérebro do que no lado esquerdo.[6] Felizmente, o prognóstico costuma ser favorável, já que até 80% dos pacientes se recuperam completamente em poucas semanas. Um exemplo extraordinário disso é dado pela própria série de autorretratos de Räderscheidt, nos quais, quadro a quadro, podemos acompanhar sua evolução. De fato, após seus respectivos infartos cerebrais, os dois pintores continuaram trabalhando até o fim da vida.

Prestem atenção: O sistema visuoespacial seletivo

O que implica o fato de que essa síndrome seja mais frequente quando o lado direito do cérebro é lesionado? Como se pode imaginar, deve haver alguma diferença entre os dois hemisférios quanto aos processos de atenção. Mas então surge uma nova pergunta: o que é exatamente a atenção? Trata-se de um fenômeno biológico no qual intervêm diversos mecanismos neurocognitivos. Devido a uma capacidade limitada de processamento (assim como um computador precisa de mais capacidade para processar gráficos complexos), o cérebro deve descartar ou, pelo menos, diferenciar os estímulos importantes dos não importantes. Evolutivamente, isso é fundamental para mediar o comportamento de qualquer organismo.[7]

A atenção consiste em três componentes: a seleção (o mecanismo para processar um estímulo mais extensivamente do que outro), a vigilância (a capacidade de manter a atenção por um certo período de tempo) e o controle (o planejamento e a coordenação de uma atividade em resposta ao estímulo).[8] Tudo isso é mediado pela interação complexa de diferentes redes neurais em distintas áreas do cérebro. A interrupção dessas redes, por causa de uma lesão como um infarto ou uma hemorragia, afetará esse sistema e, portanto, o processo de atenção.

Cada hemisfério cerebral é responsável por mediar a atenção para o campo contralateral. Ou seja, o hemisfério direito se encarrega de perceber o lado esquerdo do mundo e vice-versa. Cabe esclarecer que os hemisférios não existem como entidades isoladas: estão conectados entre si, de modo que um hemisfério sempre sabe o que o outro está fazendo, embora exista certo domínio dependendo do processo. Assim como a grande maioria das pessoas é destra por causa de um domínio do hemisfério esquerdo sobre as habilidades motoras, também apresenta um hemisfério direito dominante para a atenção espacial.

Essa assimetria, também conhecida como lateralização, permite ao hemisfério direito dirigir a atenção para ambos os campos, enquanto o esquerdo concentra sua atenção apenas no campo direito. Consequentemente, um déficit causado por uma lesão no hemisfério esquerdo poderá ser compensado em maior ou menor grau pelo hemisfério direito. Mas, se ao contrário, houver um déficit no direito, este não poderá ser compensado pelo esquerdo, o que provocará negligência em relação a tudo o que acontece no campo esquerdo.[9] No caso de Räderscheidt, o derrame cerebral que sofreu no hemisfério direito o impedia de concentrar sua atenção no lado esquerdo, de modo que, essencialmente, ele negava essa parte do mundo.

Mesmo quando esses pacientes são capazes de reconhecer estímulos no campo esquerdo, estes podem "desaparecer" se competirem com um estímulo do lado direito, em um fenômeno conhecido como extinção. É interessante notar que a heminegligência não se limita a estímulos visuais, táteis ou auditivos. Em uma publicação já clássica, dois pesquisadores italianos confirmaram casos de heminegligência em tarefas de memória e imaginação em dois pacientes que foram incapazes de se lembrar dos detalhes do lado esquerdo do Duomo de Milão, apesar de terem vivido em frente a ele por toda a vida.[10] Em resumo, a heminegligência é uma espécie de vazio perceptivo, segundo o qual o que parece ser uma negação é, na verdade, a impossibilidade de acessar essa realidade paralela.

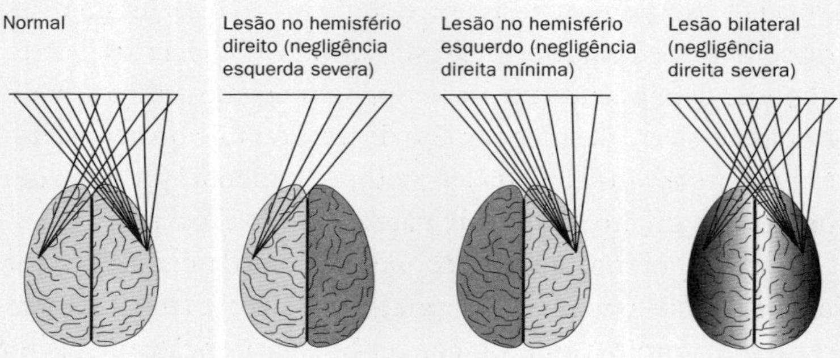

Modelo de atenção de dominância direita.[11]

Até agora, descrevemos dois fenômenos estreitamente relacionados com a lateralização do cérebro: a lateralidade das mãos (ser canhoto ou destro) e a síndrome de heminegligência. Surgem então diversas perguntas cruciais: Existem mais diferenças entre os dois hemisférios? Quais são as implicações dessa lateralização? E, mais importante, por que o cérebro é dividido em dois? Como em todos os âmbitos da ciência, não existem respostas definitivas. Tentar responder a essas perguntas daria livros de várias centenas de páginas (aqui recomendo *The Master and His Emissary* [O mestre e seu emissário], de Iain McGilchrist), mas isso não nos impede de especular um pouco sobre esse mundo dividido, onde talvez se esconda mais de uma consciência.

Dois hemisférios, duas realidades

Na internet, abundam as provas da "psicologia popular" que — com apenas alguns cliques — ajudarão a descobrir com qual de seus dois hemisférios você pensa. Esses testes provêm de uma concepção errônea sobre como operam os hemisférios cerebrais, como se cada um fosse um cérebro distinto. Usualmente se apresenta assim: o cérebro esquerdo é o da lógica, dos fatos, da matemática e do pensamento pragmático; e o direito é o do pensamento simbólico, criativo e imaginativo. Assim, uma pessoa criativa, que gosta de metáforas e pintura e tem dificuldades para chegar a tempo a um compromisso, dirá que nela predomina o hemisfério direito. E, ao contrário, alguém envolvido no pensamento lógico-matemático, que prefere o descritivo e provavelmente não pensaria em ir a um retiro ayurveda, estará convencido de que seu ponto forte é o hemisfério esquerdo.

Essa ideia reducionista e quase caricaturesca do cérebro ignora que, embora existam diferenças sutis, é a interação complexa entre os dois hemisférios que o configura como uma unidade. Não pensamos com um ou outro hemisfério, mas com o cérebro todo, que por sua vez é influenciado pelo corpo, que é atravessado por seu entorno ambiental, material e psicossocial. Ou seja, somos uma unidade biológica em constante retroalimentação, e não a mera soma de suas partes.

No entanto — como muitas pseudociências —, essa percepção errônea contém alguns fatos científicos. É verdade que os hemisférios cerebrais não são iguais entre si: a isso se chama assimetria. Embora as diferenças anatômicas sejam quase imperceptíveis, existem outras funcionais importantes. A mais conhecida, por exemplo, está relacionada à linguagem. Na maioria das pessoas, a região que codifica e gera a linguagem está situada no hemisfério esquerdo, mais especificamente em duas regiões chamadas área de Broca e área de Wernicke, em homenagem aos seus descobridores. A primeira se relaciona à produção da fala e a segunda, à sua compreensão. Uma lesão em qualquer uma dessas duas regiões causará um distúrbio — seja na produção ou na compreensão da linguagem — conhecido como afasia. Em geral, o hemisfério dominante no processamento da linguagem está estreitamente relacionado ao domínio motor. Quase todas as pessoas destras têm um hemisfério esquerdo dominante para a fala, enquanto até 40% das pessoas canhotas processam a linguagem com o hemisfério direito.[12] Para complicar um pouco mais, algumas pessoas — em sua maioria canhotas — processam a linguagem com os dois hemisférios, em um fenômeno conhecido como lateralização incompleta. Doenças mentais como a esquizofrenia têm sido associadas a uma falta de lateralização no cérebro, o que levou alguns a teorizar que a esquizofrenia é o preço que o *Homo sapiens* teve de pagar pela linguagem.[13] Timothy Crow, um destacado psiquiatra britânico falecido em 2024, propôs que certas mudanças genéticas que ocorreram entre 150 mil a 200 mil anos, que ele chama de "eventos de especiação", permitiram que os hemisférios cerebrais se desenvolvessem de forma independente, o que deu origem à especialização e dominância do hemisfério esquerdo sobre o direito. Essa lateralização afetou ou, mais precisamente, impulsionou o desenvolvimento da linguagem, que se concentra em um dos hemisférios (desequilíbrio inter-hemisférico).[14] No caso de uma lateralização incompleta, ou seja, onde ambos os hemisférios processam a informação de forma simétrica, a linguagem é gerada e decodificada nas duas partes do cérebro, tornando difícil diferenciar as vozes "internas" das "externas". Segundo Crow, os sintomas principais da esquizofrenia (despersonalização, linguagem e comportamento desorganizados, alucinações) refletem uma falha no estabelecimento de uma dominância hemisférica da linguagem, o que altera os mecanismos de "indicidade" que permitem ao falante distinguir seus pensamentos da fala que gera ou recebe dos outros.

As diferenças funcionais entre os hemisférios não se limitam a áreas específicas, mas estão presentes nos grandes circuitos cerebrais. Cada hemisfério contém redes neuronais sutilmente distintas, seja por sua arquitetura, pelo número de células, pela resposta aos hormônios ou pelos mensageiros químicos (neurotransmissores) que as células nervosas utilizam para se comunicar. Portanto, existe uma diferença fundamental na forma como cada um processa a informação.

Nas palavras de Iain McGilchrist: "Que os hemisférios têm maneiras distintas de construir o mundo não é apenas um dado curioso sobre um sistema de processamento de informações eficiente; nos diz muito sobre a natureza da realidade, sobre a natureza da nossa experiência do mundo".[15]

A guerra de dois mundos

No início da década de 1940, o neurocirurgião William P. van Wagenen tomou uma decisão sem precedentes. Em uma tentativa desesperada de reduzir, em um paciente, a frequência de ataques epilépticos que se originavam em um hemisfério e se propagavam para todo o cérebro, ele decidiu cortar a estrutura que os unia: o corpo caloso. Para surpresa de muitos, esse método foi um sucesso, pois diminuiu bastante os ataques sem afetar — aparentemente — as funções da pessoa. Logo, a calosotomia se tornou o procedimento-padrão para o tratamento de casos graves de epilepsia que não respondiam a medicamentos. Entre as décadas de 1940 e 1950, foram realizadas dezenas de cirurgias que, na época, eram consideradas alternativas seguras.[16] Décadas depois, neuropsicólogos como Roger Sperry (cujos estudos lhe renderiam o Prêmio Nobel em 1981) ou Michael Gazzaniga descreveriam extensivamente as alterações nos indivíduos originadas por esse procedimento e revelariam mecanismos cerebrais até então desconhecidos.[17]

Os hemisférios não existem como unidades independentes; é através do corpo caloso, uma estrutura que conecta ambos os hemisférios com cerca de 300 milhões e 800 milhões de fibras, que eles mantêm o diálogo que permite unificar nossa realidade. Quando um neurônio estabelece comunicação com outro em um processo denominado sinapse, ele pode ter propriedades inibitórias ou excitatórias sobre ele, ou seja, pode iniciar ou impedir a atividade desse neurônio. Surpreendentemente, a maioria das conexões no corpo caloso são inibitórias. Em outras palavras, seu efeito primário é produzir uma inibição funcional, evitando que o outro hemisfério intervenha. Ao contrário do que nos diz o senso comum, quanto maior e mais evoluído for o cérebro, menos conexões inter-hemisféricas se observam. Algo parece indicar que a evolução cerebral favorece uma especialização dos hemisférios, o que leva alguns a especular sobre um mundo de duas consciências.

Em um experimento clássico, os participantes com cérebro dividido receberam a fotografia de um objeto no campo de visão esquerdo e foram questionados sobre o que viam. Invariavelmente, a resposta foi a mesma: nada. O hemisfério direito, carente de uma área para processar a linguagem, era incapaz de descrever com palavras o que via no lado esquerdo. O hemisfério esquerdo, por outro lado, podia gerar palavras, mas não via objeto algum no lado direito. Como esse hemisfério era o único capaz de responder, o sujeito se convencia de que não havia nenhum objeto. Esse é um exemplo claro de como a linguagem pode prevalecer sobre a realidade.

Quando se pediu aos participantes que desenhassem com a mão esquerda o que viam, ficaram confusos com a tarefa. Como seria possível representar um objeto se nada lhes fora mostrado? Depois de uma pequena persuasão, pegaram o lápis e começaram a desenhar, sem muita esperança. Sem exceção, todos os desenhos coincidiam com o objeto que lhes fora apresentado. O hemisfério direito não podia "falar", mas podia "ver" e, com a mão esquerda, representar o objeto. Quando foram questionados por que haviam feito aquele desenho, os participantes começaram a inventar respostas. Divagavam em justificativas complexas sem entender — consciente ou linguisticamente — a razão de sua decisão. Se, em vez de um objeto, fosse apresentada uma palavra, o mesmo fenômeno se repetiria. Por exemplo, em outro experimento, um participante desenhava compulsivamente com a mão esquerda um chapéu de caubói sempre que lhe era apresentada a palavra "Texas" no lado esquerdo, sem poder explicar o motivo.[18]

Felizmente, hoje não é necessário realizar uma calosotomia para investigar as propriedades de cada hemisfério. Por meio de um procedimento conhecido como teste Wada, é possível inibir temporariamente um dos hemisférios cerebrais injetando anestesia em uma das principais artérias que fornecem sangue ao cérebro (a artéria carótida interna). Esse teste é usado antes de intervenções cirúrgicas para avaliar a lateralidade da linguagem e

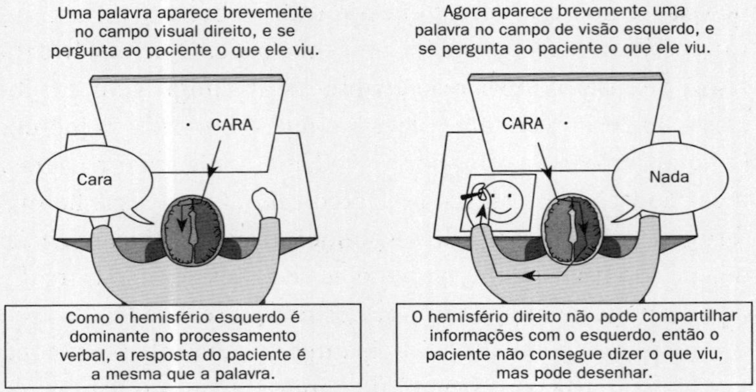

Experimento em pacientes com cérebro dividido. O hemisfério direito não pode nomear o que vê, mas pode desenhá-lo.[19]

da memória.[20] No entanto, ele tem se mostrado muito útil para desvendar as funções de cada hemisfério. Desse modo, foi possível corroborar que o hemisfério esquerdo tende a ter um processamento de estímulos muito mais seletivo, pois concentra sua atenção nos detalhes e não nas generalidades dos objetos. Por outro lado, o hemisfério direito constrói seu mundo de forma mais holística, integrando todas as partes em busca de generalidades que lhe permitam construir abstrações. Por exemplo, foram identificados diferentes mecanismos nos hemisférios para processamento de metáforas. Enquanto o hemisfério esquerdo integra apenas o sentido literário, o hemisfério direito é mais sensível ao contexto e, consequentemente, mais aberto a interpretações alternativas.[21]

Em diferentes categorias, o hemisfério direito parece identificar com maior precisão as emoções nas outras pessoas. Enquanto o hemisfério esquerdo se concentra nos sinais provenientes dos lábios ou dos olhos, o direito parece reconhecer não apenas as expressões faciais, mas também a entonação (prosódia) e os gestos. Por isso, não é surpreendente que, após um derrame cerebral no lado direito, as pessoas tenham dificuldades para reconhecer emoções nos outros.

Armistício ou a consciência dividida

À medida que melhoram nossas ferramentas de pesquisa, surgem mais estudos que postulam diferenças no processamento entre os dois hemisférios. Essas diferenças abrangem desde a percepção do tempo até a concepção do eu. No entanto, como já foi dito, esses exemplos não devem servir para sustentar uma falsa dicotomia sobre a forma como o cérebro opera. Apesar das diferenças funcionais, é a integração das informações entre os hemisférios que constitui nossa realidade.

Descreveu-se que o hemisfério direito — com sua capacidade holística — se especializa em processar estímulos novos. Por sua vez, o hemisfério esquerdo — com sua capacidade de focalizar a atenção — é responsável por estruturar essa informação de modo que ela se integre aos demais processos. Um exemplo disso é a percepção musical. Em indivíduos sem estudos musicais formais, a música é processada majoritariamente no hemisfério direito. Já em músicos profissionais, observa-se atividade em ambos os hemisférios de forma equilibrada, o que indica uma maior capacidade de integrar a informação por meio da experiência.

Mais do que uma guerra entre os dois hemisférios, trata-se de uma cooperação para decifrar o mundo. Inclusive, a maioria dos indivíduos com cérebro dividido recuperou com o tempo suas funções graças ao fato de que — em menor proporção — existem outras estruturas, além do corpo caloso, que interconectam os hemisférios. De alguma forma, essas duas (semi) consciências tendem — por meio de suas diferenças — a gerar uma unidade.

Se a interação entre os dois hemisférios cerebrais gera uma única consciência, podem dois indivíduos gerar uma única experiência consciente? Embora a pergunta pareça pertencer ao reino da ficção científica, existe um caso que despertou especulação entre filósofos e neurocientistas: o das irmãs Hogan.[22]

Em 2006, as gêmeas siamesas Krista e Tatiana Hogan nasceram unidas pelo crânio devido a uma condição conhecida como craniopagus. Essas gêmeas compartilham um tecido cerebral que conecta o tálamo de cada uma (ponte talâmica). O tálamo, como já comentamos, é uma estrutura indispensável do cérebro que integra a informação recebida do corpo e a transmite ao córtex cerebral. Entre suas diversas funções destacam-se a análise das funções sensoriais e motoras (percepção da dor, controle de movimentos), a manutenção da atenção, o controle das emoções e a formação de memórias. Em poucas palavras, o tálamo é essencial para perceber o mundo e gerar consciência.

O caso das gêmeas Hogan é extraordinário porque elas pareciam compartilhar experiências. Se uma irmã comia ketchup, a outra mostrava repulsa. Se uma se irritava, logo a outra também se irritava. Se uma se machucava em uma queda, ambas sentiam dor. Cada gêmea podia distinguir os estímulos apresentados à outra. Chegaram até mesmo a afirmar que conseguiam se comunicar sem precisar falar.

Embora a conexão neuronal entre as gêmeas seja suficiente para permitir que a informação processada em um cérebro seja transmitida ao outro, isso nos diz pouco sobre como se relacionam as experiências conscientes das duas irmãs. Existem três possibilidades: que elas tenham uma experiência consciente unificada, que compartilhem parte dessa experiência ou que tenham duas experiências conscientes completamente separadas.

Após alguns anos de estudo, os pais das gêmeas se recusaram a permitir que as investigações continuassem, de modo que a maioria das evidências é observacional e não é possível tirar conclusões definitivas. No entanto, por ambas terem acesso — ao menos no tálamo — ao processamento cerebral uma da outra, é possível que pelo menos parte do conteúdo consciente de uma contribua para a experiência consciente da outra. Em todo caso, a consciência parece ser um processo dinâmico de fluxo de informação através de um ou mais sistemas.

O período entreguerras e a arte degenerada

Otto Dix foi, sem dúvida, o membro mais destacado da Neue Sachlichkeit. Assim como seu compatriota Anton Rädercheidt, sofreu um derrame cerebral no hemisfério direito que, além de paralisá-lo do lado esquerdo, lhe causou a síndrome de heminegligência. Mesmo após sua recuperação, as mudanças em sua representação visuoespacial ficaram evidentes em seus últimos autorretratos.[23]

Autorretratos mostrando os efeitos do AVC na autopercepção de Otto Dix, o primeiro de 1957 e o segundo de 1968, após o derrame.

No entanto, são mais conhecidas suas pinturas do período entreguerras, que refletem os contrastes e as contradições da sociedade. Otto Dix lutou como soldado nas trincheiras durante a Primeira Guerra Mundial e mostrou os horrores do conflito em uma série de pinturas que até hoje são arrepiantes. Seu trabalho foi considerado — junto a outras obras-primas como *Guernica*, de Pablo Picasso, ou *Três de maio de 1808 em Madri*, de Francisco de Goya — um dos grandes marcos da arte antibélica por retratar as atrocidades da guerra.

Dix tem, no entanto, uma obra posterior que aborda um tema menos comum na arte: o pós-guerra. Em um tríptico monumental, *Metropolis* (1928), ele retratou a realidade desconcertante da República de Weimar (Alemanha) após a Primeira Guerra Mundial. Depois do infame Tratado de Versalhes, os alemães que voltaram das trincheiras encontraram uma economia devastada, em que — devido à inflação — saía mais barato queimar dinheiro para aquecer suas casas do que comprar lenha. Em meio a essa angústia coletiva, uma pequena classe burguesa se beneficiava da situação e esbanjava sua fortuna em festas extravagantes (qualquer semelhança com a realidade contemporânea *não* é mera coincidência).

Assim, no painel central vê-se a opulência de Berlim. É uma cena de luzes e movimento, com colares de pérolas balançando no pescoço das mulheres ao ritmo do recém-importado charleston, enquanto homens de fraque desfrutam de suas taças de conhaque e fumam charutos importados. Trata-se de um painel amplo e enclausurado, onde os participantes se mostram insensíveis ao mundo externo que aparece nos painéis laterais, nos quais se esmaece aquela Berlim dourada dos anos 1920.

No painel esquerdo, sob uma ponte, um grupo de prostitutas olha com repulsa para um veterano de guerra que se arrasta com duas pernas de pau pedindo esmolas. Nessas ruas corroídas, apenas um pastor-alemão parece notar o indigente que jaz inconsciente sobre os paralelepípedos. Por fim, no painel direito, a cena se repete — mas agora são prostitutas de classe alta que olham com desdém para veteranos que se arrastam sobre pisos de mármore.

Como poucos movimentos artísticos, a Neue Sachlichkeit previu a crescente desigualdade social que, com o tempo, alimentaria o surgimento do totalitarismo em muitos Estados europeus. A crítica social corrosiva de Otto Dix — exacerbada pelo desencanto do pós-guerra — e suas incessantes sátiras da condição humana lhe renderam a censura após a ascensão do nacional-socialismo na Alemanha.

Como ocorreu com grande parte da arte moderna, suas obras foram confiscadas, e os artistas, perseguidos pelo regime nazista. As poucas que não foram destruídas integraram a infame exposição sobre arte degenerada, organizada como propaganda em Munique — e outras cidades — em 1937, para advertir o público e os artistas sobre o tipo de arte que seria punido por não se alinhar aos valores do Terceiro Reich. Estima-se que somente na cidade de Düsseldorf desapareceram mais de mil obras, tornando incalculável a perda de valor cultural durante os anos do nazismo.[24]

No entanto, o significado dessa obra não deve se restringir à sua época. A genialidade da arte reside em seu caráter atemporal. Em pleno século XXI, observamos com temor o avanço do nacionalismo em todo o mundo. Líderes tanto da extrema direita quanto da extrema esquerda utilizam a frustração social para alimentar suas campanhas. Promovem a alienação e o ódio ao outro para criar um falso senso de coesão interna. O quadro de Otto Dix nos lembra o perigo de permanecermos alheios a outros mundos. A realidade nem sempre é aquilo que se apresenta diretamente diante de nós, mas sim uma construção de processos que acontecem dentro e fora de nós. Compreender que não existe uma única verdade nos torna mais tolerantes e inclusivos em nosso esforço de construir um futuro melhor.

6. As duas Fridas

Trauma e resiliência

Árvore da esperança, mantenha-se firme.

Frida Kahlo

Um ônibus e um caminho

Sentadas sobre o mesmo banco, cinco figuras que contrastam entre si pela cor da pele e pela vestimenta formam um arco com as mãos. Na extremidade esquerda, uma cesta de vime se enrosca no braço de uma mulher de vestido florido. Ao seu lado, uma chave inglesa se prende aos dedos de um operário de olhos cor de carvão. Junto a ele, um bebê se aninha dentro do xale dourado de uma mulher descalça. Dourado é também o pó que guarda a sacola do homem sentado à sua direita, combinando com os cabelos loiros que escapam do chapéu. Um lenço vermelho imita o vento na extremidade direita do banco e ameaça abandonar o pescoço de uma estudante que aperta as próprias mãos. Todos têm o olhar perdido do passageiro que observa o vazio — ou melhor, a si mesmo — em um ônibus de madeira que os leva à rotina. Todos... salvo uma sexta figura ajoelhada sobre o banco, um menino que vê desaparecer pela janela a placa de uma mercearia que, com sombria ironia, traz escrito: A risada.

Seria um quadro de absoluta serenidade se não conhecêssemos sua autora, a pintora mexicana Frida Kahlo. *O ônibus* (1929) retrata os elementos que precedem uma tragédia. Um dia após as celebrações do Dia da Independência, em 17 de setembro de 1925, o ônibus no qual Frida Kahlo viajava foi atingido por um bonde. "O bonde esmagou o ônibus. Foi uma batida estranha. Não foi violenta, mas surda, lenta, e machucou todo mundo. A mim, muito mais",[1] contaria Kahlo anos depois.

> A primeira coisa em que pensei foi em um pião colorido que comprei naquele dia e que levava comigo. Mentiras que a gente conta sobre o acidente; mentiras que se chora. Em mim não houve lágrimas. A batida nos lançou para a frente e o corrimão me atravessou como a espada atravessa um touro. Um homem me viu com uma tremenda hemorragia, me carregou e me pôs em uma mesa de bilhar até que a Cruz Vermelha me recolhesse.[2]

O corrimão de metal entrou pela parte esquerda da pelve, atravessou o útero e saiu pela vagina. Foi retirado por um operário de macacão azul antes que chegasse a ambulância. Seu corpo, partido e semidespido, foi coberto por pó de ouro como se quisesse mascarar o sangue. Fratura de clavícula, luxação do ombro esquerdo, fratura da terceira e da quarta costelas, fratura em três partes do osso pélvico, amolecimento do rim, fratura em três partes da coluna vertebral, perfuração por objeto metálico e fratura em onze partes da perna direita foi o diagnóstico no hospital da Cruz Vermelha.[3]

A dor, uma constante em sua vida, não era novidade; sua biografia poderia ser lida como um relatório médico que começou logo após sua concepção.[4] Os desenhos e as pinturas são testemunho de seu caso. A arte de Kahlo está encadeada à sua condição clínica, e no centro de seu talento habitam a dor física e mental.

Filha de mãe mexicana e pai alemão, nasceu em Coyoacán em 1907 com uma anomalia congênita: espinha bífida, uma condição da coluna e da medula espinhal que se origina nas primeiras quatro semanas de gravidez, quando o tubo neural — a estrutura embrionária que forma o cérebro, a medula espinhal e as estruturas circundantes — não se fecha corretamente. Os sintomas variam conforme a gravidade do caso, podendo passar despercebidos ou causar deficiências graves. Suas manifestações incluem defeitos urogenitais ou problemas no desenvolvimento das extremidades inferiores, como deformidade ou perda de sensibilidade. Foi na década de 1930 que Leo Eloesser, amigo e cirurgião de Kahlo, diagnosticou essa anomalia utilizando raios X. Sua pintura, no entanto, nos dá pistas sobre esse defeito sem a necessidade de técnicas radiológicas. *O que a água me deu* (1939) evoca o drama de sua vida. Da água cinza da banheira surgem raízes, plantas, flores e cadáveres. Entre suas pernas, uma Frida diminuta se mantém flutuando com uma corda atada ao pescoço. De um vulcão emerge o Empire State e, ao lado, um pássaro morto representa a copa de uma árvore. A natureza biográfica desse quadro não se encontra apenas nas figuras que se aglomeram sobre a água; um dos pés que aparecem como despenhadeiros ao fundo da banheira leva a marca da afecção congênita: uma ferida sangrenta que abre o desfiladeiro entre o dedo grande e o segundo dedo do pé direito, uma deformidade comum nos casos de espinha bífida.

Aos seis anos, Kahlo contraiu poliomielite, uma doença que afeta os nervos da medula espinhal e pode causar paralisia das extremidades. É uma condição viral, por isso, em 1913, quando Kahlo contraiu a doença, não era raro ver crianças e adultos mancando pelas ruas devido às sequelas. Em sua forma mais grave, pode danificar os músculos que controlam a respiração e causar morte por asfixia. Nesses casos, a única opção de sobrevivência era uma vida dentro do chamado pulmão de aço, um respirador artificial que foi utilizado até 1927. A convalescença de Kahlo durou vários meses e, embora as sequelas não tenham sido extremas, contribuíram para acentuar a deformidade de sua perna direita, que cresceu mais curta que a esquerda e afetou sua mobilidade desde muito cedo.

O acidente com o bonde, quando ela tinha apenas dezoito anos, transformou sua vida de forma violenta. Presa à cama por um corselete de gesso, abandonou seus planos de estudar medicina e começou a pintar para combater os meses de dor e tédio.[5] Fora um esboço a lápis que desenhou durante sua internação, Kahlo nunca se referiu ao acidente de maneira direta, mas retratou seus vestígios. Três anos depois, ela se juntou ao Partido Comunista Mexicano e, em 1929, casou-se com Diego Rivera, o mais aclamado dos muralistas, vinte anos mais velho e, segundo ela mesma, seu acidente mais grave.[6] Em três ocasiões, seu útero destruído não conseguiu levar a termo uma gravidez. Mais que o mal-estar físico, a impossibilidade de ser mãe causou nela um desespero que só a arte podia mitigar: "Minha pintura carrega

Frida Kahlo, *Acidente* (1926).

dentro dela a mensagem da dor. A pintura completou minha vida. Perdi três filhos... Tudo isso foi substituído pela pintura".[7]

Ao longo da vida, ela se submeteu a 32 operações, quase todas na coluna e no pé direito. Abusou do tabaco e do álcool para suportar a existência. Logo, tornou-se dependente da petidina e da morfina, os únicos analgésicos que tornavam o sofrimento suportável. Um de seus quadros mais representativos, *A coluna partida* (1944), retrata com uma franqueza esmagadora essa dor, mas também a coragem da artista para carregar sozinha esse suplício. Uma coluna jônica fragmentada em vários pontos faz as vezes da coluna vertebral, e um corselete ortopédico envolve seu corpo ferido, completamente lacerado por pregos que sobem até o rosto como se quisessem fixar as lágrimas que brotam de olhos que não se rendem à piedade. Feita de aço, ela se ergue estoica de costas para o ouro do deserto que se estende como seu mal-estar.

Uma infecção no osso da coluna, após uma cirurgia malsucedida de fusão das vértebras e enxerto ósseo, destruiu toda a esperança de recuperação e a confinou a uma cadeira de rodas. Apesar da negativa de seus médicos, ela foi à sua última exposição na Galeria de Arte Contemporânea da Cidade do México de ambulância, de onde desceu na maca, usando seu vestido tradicional e suas joias. Recebeu os convidados de sua cama, no centro da sala, onde cantou corridos e bebeu tequila até o fim da noite.[8]

A ansiedade e a depressão tingiram seu dia a dia e, em 1953, sua perna direita — tomada por úlceras devido à má circulação desde o nascimento — teve de ser amputada do joelho para baixo. O diário de Kahlo se tornou o testemunho de seu desmoronamento. Nele, Frida desenhou seu pé amputado servindo de vaso para espinhos e escreveu abaixo a mítica frase: "Pés, para que os quero, se tenho asas para voar".

No ano seguinte, em 13 de julho, depois de várias internações, ela faleceu devido a uma embolia pulmonar. Tinha 47 anos. Seus restos foram velados no Palácio de Belas-Artes da

Cidade do México, onde mais de seiscentas pessoas se despediram dela no caixão aberto, coberto pela bandeira da foice e do martelo. Na última entrada de seu diário, pode-se ler: "Espero alegre a saída, e espero não voltar jamais".[9]

As duas Fridas: Palavra da moda ou de renome

A intensidade, a variedade e a antinomia da vida de Frida Kahlo a tornaram, para o bem ou para o mal, um ícone mundial. Suas obras foram amplamente reconhecidas durante sua carreira, algo excepcional para uma mulher artista tanto naquela época quanto atualmente.

Ela incorporou a arte popular e as tradições mexicanas em suas pinturas quando a maioria dos artistas imitava os modelos europeus. André Breton, fundador do movimento surrealista, ficou impressionado com as obras de Frida em sua visita ao México. Acreditando que a estava elogiando, aceitou Kahlo como uma surrealista e a convidou para ir a Paris e fazer uma exposição que ela descreveria como um desastre.

> Eu preferiria sentar e vender tortilhas no chão do mercado de Toluca a me associar a essa porcaria de "artistas" parisienses, que passam horas aquecendo seus valiosos traseiros nos cafés, falando sobre "cultura", "arte" e "revolução". Eles se acham os deuses do mundo, sonham com as besteiras mais fantásticas e envenenam o ar com teorias que nunca se tornam realidade,

escreveu ela para seu amante e amigo, o fotógrafo Nickolas Muray. "Eles pensaram que eu era surrealista, mas não era. Eu nunca pintei sonhos. Pintei minha própria realidade."[10]

Kahlo cultivou um novo arquétipo de beleza distante da norma ocidental e de seu mandato sobre a feminilidade. Com uma estética própria, ressaltou suas feições mestiças, vestiu blusas bordadas, *huipiles* e trajes de *tehuana*, usou joias pré-colombianas e assumiu uma identidade de mulher latino-americana que permeou as gerações seguintes. Isso foi favorecido em grande medida pelo processo de reidentificação nacional que o México atravessava após a Revolução. Durante a época do Porfiriato, a ditadura do general Porfirio Díaz que durou 35 anos e significou um salto para a modernidade a um custo social enorme, o México desejava um modelo de civilização europeu, particularmente francês, e, como a maioria dos países pós-coloniais, queria se ver refletido em um eixo cultural estrangeiro. Ao concluir a Revolução, que careceu de um front ideológico comum, o México teve de reconstruir sua identidade no século XX.

Com a ajuda de muralistas como Diego Rivera, Gerardo Murillo, David Siqueiros e José Orozco, e de escritores como José Revueltas e Juan Rulfo, o relato da revolução — com suas reformas agrárias e seus ideais de justiça social — se tornou a própria revolução. O escritor e "caudilho cultural" da Revolução Mexicana, José Vasconcelos, publicou *La raza cósmica* (1925), um livro que refutava as ideologias de superioridade racial que prevaleciam na Europa e sugeria uma "quinta raça" latino-americana, de caráter universal, gerada pela mistura de todas as outras raças. Com isso, Vasconcelos apresentou a mestiçagem como uma potencialidade e não como um fator de atraso. Nesse contexto, Frida Kahlo contribuiu para repensar uma identidade feminina em todo o continente.

Por outro lado, a leitura revisionista de sua biografia e de sua relação com Rivera, que, entre outras coisas, manteve um caso com sua irmã Cristina Kahlo, tem tirado injustamente o mérito de seu trabalho artístico e, sob a ótica do feminismo moderno, degradado sua condição de representante da luta feminista.

No entanto, a obra de Frida Kahlo não está apenas eclipsada pelo drama de sua biografia, mas também pelo que foi feito dela posteriormente. Sua natureza contestadora, sua transgressão das convenções sociais e dos papéis de gênero, suas posturas políticas, sua liberdade sexual, seus romances e o turbulento relacionamento com Diego Rivera são terreno fértil para a criação de um mito, e isso não passou despercebido pelo mercado. Convertida em efígie cultural, seu nome se transformou em uma verdadeira marca comercial, literalmente. Em 2018, a sobrinha-neta de Frida Kahlo, Mara Cristina Romeo, perdeu uma disputa de quatro anos contra a Frida Kahlo Corporation para impedir a comercialização da imagem da pintora no México.[11] Nesse mesmo ano, a Mattel lançou no mercado a boneca Barbie Frida Kahlo, de proporções impossíveis, com um preço inicial de trinta dólares, mas que, no momento em que escrevo estas linhas, está sendo leiloada no eBay por trezentos dólares. A empresa Frida Kahlo Corporation tem sede no paraíso fiscal do Panamá e o nome de seu dono, o empresário venezuelano Carlos Dorado, foi envolvido no escândalo dos papéis do Panamá por ser proprietário de várias casas de câmbio. Desde 2004, lucra-se com a imagem da pintora mexicana, e antes de sua remodelação, era possível ler em seu site frases como: "Frida enfrentou muitos desafios em sua vida, mas se tornou mais forte. Enfrente seus desafios como fez Frida". A vida multifacetada de Kahlo foi reduzida a um slogan, uma frase motivacional que fala mais de um fenômeno contemporâneo do que da própria artista.

Tensão de dualidades

O estereótipo de mulher-vítima e artista atormentada em que se transformou a figura de Frida Kahlo responde a outra palavra da moda: resiliência. De raiz latina, *resilio* refere-se ao ato de "voltar a saltar" ou "rebotar". Durante o século XIX, foi cunhada como termo na física para descrever a capacidade de alguns materiais de resistir a forças sem se romper. Na segunda metade do século XX, foi incorporada na psicologia infantil para se referir à capacidade das crianças de se recuperarem e se adaptarem a eventos traumáticos, como o abandono, a privação materna ou a precariedade.[12] Com um significado mais amplo na psicologia, aponta para a habilidade de um indivíduo de se erguer sobre a adversidade ou o estresse.[13] No entanto, seu uso se expandiu para campos tão diversos quanto a ecologia, para descrever ecossistemas que recuperam o equilíbrio após um desastre natural, ou a economia, para definir sistemas que se reestruturam após uma crise financeira. Erodida pelo uso excessivo, essa palavra é empregada sem distinção em qualquer situação desfavorável.

Durante a pandemia de covid-19, foi uma das palavras mais buscadas no dicionário da Real Academia Española (RAE), e em 2023 somou mais de 685 milhões de resultados no Google.[14] Convertida hoje em uma ferramenta de marketing, há uma abundância de autoproclamados *coaches* de resiliência na internet, um subgrupo dos *coaches* de vida que prometem ensinar seus seguidores a superar qualquer situação adversa, tanto no âmbito pessoal quanto no profissional. Com isso, uma nova classe de indivíduo, segundo o filósofo italiano Diego Fusaro, emergiu do século XXI: o *Homo resiliens*.[15] Para ele, a palavra "resiliência" entrou no vocabulário da filosofia política como um valor do discurso dominante, que celebra a docilidade dos subordinados para aceitar a ordem assimétrica do mundo. Assim, esse termo se multiplica nos discursos de políticos e CEOs que exigem dos cidadãos e empregados uma "atitude resiliente" diante de injustiças estruturais que são perfeitamente reversíveis.[16] O pós-capitalismo, assim como fez com a imagem de Frida Kahlo, trocou seu valor em favor do mercado.

Mais do que uma palavra da moda, a resiliência nas neurociências é um conjunto de processos biológicos, dinâmicos e complexos pelos quais os indivíduos mantêm seu bem-estar psicológico diante de situações adversas. Após um evento traumático, muitas pessoas experimentam sintomas como medo, tristeza ou ansiedade, mas a maioria se recupera espontaneamente após alguns dias. A resiliência é, portanto, a regra e não a exceção. Em alguns indivíduos, no entanto, tais sintomas podem ser persistentes, o que é conhecido como transtorno de estresse pós-traumático (TEPT).

Dois sistemas antagônicos mantêm o equilíbrio do corpo: o sistema nervoso parassimpático e o sistema nervoso simpático. Ambos fazem parte do sistema nervoso autônomo, que inerva os órgãos internos, as glândulas e os vasos sanguíneos, e se encarrega de regular, de forma automática, os processos corporais (pressão arterial, frequência cardíaca e respiratória, temperatura, digestão, metabolismo, resposta sexual etc.). O sistema nervoso parassimpático, mediado pela acetilcolina, está ativo quando nos encontramos fora de perigo, o que reduz a frequência cardíaca e respiratória, estimula a digestão e, em geral, facilita o acúmulo de energia. Por sua vez, o sistema nervoso simpático, mediado pela noradrenalina, se ativa em situações de perigo, o que aumenta a frequência cardíaca e respiratória, a pressão arterial, e prepara o corpo para "lutar ou fugir". Ter ou não um transtorno mental após um evento traumático depende das estruturas cerebrais que regulam esses sistemas, ou seja, das regiões do cérebro que processam nossa resposta ao estresse.

Em linhas gerais, e porque a neurobiologia é afeita às dualidades, essas estruturas podem ser divididas em duas: as que facilitam a resposta ao estresse (amígdala, ínsula, dACC) e as que a inibem (hipocampo, vmPFC).[17] Localizada na parte interna do lobo temporal, a amígdala (do grego *amygdálē*, "amêndoa") faz parte do sistema límbico e processa as emoções primárias, como a raiva e o medo, além de contribuir para a formação de memórias (aprendizado emocional). Por essa razão, acredita-se que desempenha um papel fundamental no transtorno de estresse pós-traumático. Indivíduos que apresentaram menor atividade nessa estrutura cerebral antes de serem expostos a um trauma, por exemplo, desenvolveram menos sintomas de estresse pós-traumático, independentemente do tipo de evento, desde crianças que presenciaram um ataque terrorista até soldados enviados para o combate. Algo semelhante ocorre com estruturas que recebem sinais da amígdala, como o cerúleo, que, entre outras funções, regula nosso estado de alerta. Nesse caso, entre estudantes de medicina do último ano, observaram-se mais sintomas de estresse naqueles com maior atividade nessa região antes de iniciar o internato.

No polo oposto, as regiões do cérebro que se encarregam de inibir a amígdala parecem ser responsáveis pela capacidade de resiliência de um indivíduo. O córtex pré-frontal ventromedial (vmPFC, na sigla em inglês) mostra-se mais ativo em pessoas que se recuperaram após um trauma. Em soldados e sobreviventes de desastres naturais, um aumento em seu volume, função e conectividade está associado a menos sintomas de estresse pós-traumático. O hipocampo é a região do cérebro onde são armazenadas as lembranças, em especial as de fatos autobiográficos e cotidianos (memória episódica), enquanto a amígdala processa as emoções nelas contidas. Da interação entre ambas depende a consolidação da memória; por isso, uma alteração em sua comunicação está associada a uma resposta prolongada e exagerada diante de uma experiência estressante. No estresse pós-traumático, a amígdala encontra-se mais ativa, enquanto o hipocampo menos, o que reforça um medo condicionado.

Em geral, a maioria das estruturas mencionadas compõe ou regula o sistema límbico, uma rede neural antiga que coordena as emoções e o comportamento. Nesse sentido, o desequilíbrio entre essas regiões pode provocar um círculo vicioso que perpetua os sintomas de estresse e impede a estabilidade psicoemocional.[18]

Em maior escala, especula-se que a rede de saliência — outra das redes neurais que intervêm na atenção e em processos cognitivos como a tomada de decisões — seja afetada no transtorno de estresse pós-traumático. Formada principalmente pela ínsula anterior e pelo córtex cingulado dorsal anterior (dACC, na sigla em inglês), o aumento de sua atividade provoca condutas ansiosas e angústia. Comportamentos como a hipervigilância, a hiperexcitabilidade, a falta de controle e os problemas de orientação se apresentam quando essa rede está alterada, razão pela qual ela também tem sido relacionada a outras doenças psiquiátricas, como a esquizofrenia.[19]

O estresse pós-traumático é uma resposta mal-adaptativa dos sistemas neurais que nos permitem avaliar riscos e reagir diante de ameaças; no entanto, tender à resiliência nem sempre é favorável. O medo é, antes de tudo, uma resposta normal do corpo diante de um perigo. Em situações de sobrevivência, dispor de mecanismos que inibam essa emoção pode ser contraproducente — como durante uma guerra ou uma catástrofe natural. O sucesso evolutivo dessa emoção reside justamente em oferecer uma resposta adequada à situação e estar preparado caso ela se repita. A resiliência deve, portanto, ser compreendida como uma resposta adaptativa desses e de outros circuitos neurais que medeiam as emoções e o comportamento.

Embora a palavra "resiliência" tenha ganhado força durante a pandemia de covid-19, a verdade é que as tentativas de suicídio aumentaram nesses dois anos[20] — embora não as mortes por suicídio.[21] Um estudo revelou ainda que pessoas com sintomas de estresse pós-traumático relacionados à pandemia estão em maior risco de suicídio do que outras com diferentes transtornos psiquiátricos, como a depressão.[22] Ou seja, mesmo com o bom funcionamento dos mecanismos de resiliência, as circunstâncias externas podem ser avassaladoras e as consequências, inevitáveis; por isso, jamais se deve culpar uma pessoa por sua forma de reagir às circunstâncias.

Consumida pela dor após a cirurgia, entre analgésicos e garrafas de álcool, Kahlo pintou *Árvore da esperança* (1946), um autorretrato cheio de simbolismos que expressa a dicotomia de sua vida. À esquerda, deitada sobre uma cama de hospital, o sol revela as chagas de suas costas, que se abrem como fendas no deserto. À direita, sentada com a cabeça erguida e um vestido cor de sangue, a suave lua revela a frase na faixa que segura com a mão direita: "Árvore da esperança, mantenha-se firme". De um lado, a dor; do outro, a esperança; as duas fases de um mesmo dia. "Há um esqueleto (ou a morte) que foge diante da minha vontade de viver", escreveu ela a Eduardo Morilla, que encomendou o quadro.[23]

Sua ardente pulsão de vida não impediu que ela tentasse suicídio em várias ocasiões no final de sua vida. Alternando os dias entre a cama e a cadeira de rodas, sua deterioração física e mental mal lhe permitia continuar pintando. No entanto, mesmo em seu momento mais crítico, sempre encontrou força em suas convicções. Em sua última aparição pública, marchou à frente do grupo que se opunha ao golpe militar orquestrado pela CIA na Guatemala. Com pouca maquiagem e sem as flores nem as joias de costume, era empurrada em sua cadeira por amigos, enquanto segurava um cartaz.[24] Na véspera de sua morte, entregou a Rivera o anel que guardava para comemorar seus 25 anos de casamento.

Não resta dúvida de que a faceta artística mais poderosa de Frida Kahlo são seus autorretratos. Neles repousam o drama e o dinamismo de uma vida sempre no limite. Seja em pose estoica, seja com o olhar dilacerado, suas pinturas são janelas para o interior de suas emoções. Apesar disso, é preciso apagar do imaginário a imagem de vítima que tanto insistem em lhe atribuir. As cicatrizes nunca puderam ocultar seu intenso amor pela existência, mesmo que seus retratos mostrem feridas abertas. Prova disso é o último quadro que pintou, oito dias antes de morrer. Cheio de cores vibrantes e pintado na Casa Azul de sua Coyoacán natal, as letras em maiúscula que brotam de uma melancia, uma fruta de casca impenetrável que protege um coração tenro, exibem sua resolução final: "Viva a vida".

7. Ilhas de genialidade

A síndrome de Savant, neurodivergência e Andy Warhol

Uma coisa é ser artista, outra coisa é ser famoso.

René Pérez Joglar [Residente]

A vida não é apenas uma série de imagens que mudam à medida que se repetem?

Andy Warhol

A virtude inesperada da fama

Em um plano-sequência excepcional filmado dentro do teatro Saint James, a câmera acompanha o percurso labiríntico de Mike Shiner (Edward Norton), um ator de teatro tão consagrado quanto conflituoso, e Riggan Thomson (Michael Keaton), uma estrela decadente de Hollywood. Depois de alcançar a fama nos anos 1980 interpretando Birdman, o super-herói, em um filme de grande bilheteria, a carreira de Riggan mergulhou na irrelevância. De seus anos de glória restam apenas senhoras de cabelo desbotado que o param na rua para tirar uma foto: "Olhe, filha, ele era um ator famoso". Com seus últimos recursos, ele aposta tudo na montagem de uma peça na Broadway para provar ao mundo — ou melhor, a si mesmo — que tem talento. Riggan anseia ser aceito pelos críticos, pelo público e por sua filha, que cresceu com sua ausência.

Mike, por outro lado, busca encontrar — por meio da atuação — uma forma de verdade. Durante a pré-estreia, ele destrói o cenário ao perceber que substituíram sua garrafa de gim por água. Riggan, apavorado com a possibilidade de o narcisismo de Mike arruinar a peça, o acusa de ter se embriagado no palco, ao que ele responde: "Se estou bêbado? Sim, estou bêbado! Preciso estar bêbado! Por que você não está? Isto é [uma obra de] Carver. Ele deixava um pedaço do fígado sobre a mesa a cada página que escrevia. Se eu preciso beber gim, quem é você para me impedir?". O público, incrédulo, grava a cena com seus celulares. "Por favor, não sejam tão patéticos! Parem de olhar o mundo por uma tela, tenham experiências reais! Alguém, além de mim, ainda se importa com a verdade?" Ambos saem do teatro e se perdem em outro labirinto — a cidade barulhenta de Nova York — enquanto discutem o que cada um está arriscando. Riggan se agarra aos farrapos de fama que lhe restam, e Mike lhe diz: "A popularidade é a prima promíscua do prestígio".

Birdman (ou A inesperada virtude da ignorância) (2014), do diretor mexicano Alejandro González Iñárritu, levou quatro estatuetas do Oscar: melhor filme, melhor diretor, melhor roteiro original e melhor fotografia — esta última graças ao trabalho de outro mexicano, Emmanuel "Chivo" Lubezki. Trata-se de um filme multifacetado, que pode ser interpretado de várias maneiras: como um paralelo com a vida dos atores Edward Norton e Michael Keaton, ou como a crise de meia-idade de dois homens brancos privilegiados. Mas a leitura mais evidente é, a meu ver, uma sátira da cultura da fama nos Estados Unidos.

O filme critica abertamente a indústria cinematográfica dos Estados Unidos, que se concentra nos números de bilheteria mais do que na qualidade da história (em certo momento, Mike Shiner chama Hollywood de "genocida cultural"). Apesar disso, o longa foi muito bem recebido tanto pela própria Academia quanto pelo público, e gerou mais de 100 milhões de dólares.

Não é a primeira vez, no entanto, que a Academia serve como plataforma de autocrítica. Durante a cerimônia de 1979,

Dustin Hoffman, ao receber um Oscar por sua atuação em *Kramer vs. Kramer*, pronunciou um dos discursos mais emblemáticos da história da premiação. Agradeceu à Academia pelo reconhecimento, mas ao mesmo tempo criticou o tratamento dado aos membros da classe que não alcançam o estrelato:

> Este Oscar é um símbolo de gratidão para com as pessoas que nunca vemos. Há 60 mil atores no Screen Actors Guild [União dos Artistas de Televisão] e a maioria está desempregada. Somos poucos os afortunados que temos a oportunidade de escrever ou dirigir. Porque, se você é um ator sem dinheiro, não pode escrever, não pode pintar, tem que praticar seus sotaques enquanto dirige um táxi. Para essa família artística que luta pela excelência: vocês não fracassaram, e me sinto orgulhoso de compartilhar isso com vocês.[1]

Quase dez anos depois, Hoffman subiu ao mesmo palco por interpretar uma pessoa com autismo em *Rain Man* (1988). Mais uma vez, aproveitou a ocasião para direcionar o foco a outros personagens secundários: as pessoas com deficiências mentais e o pessoal médico que trabalha com elas. O papel que ele interpreta, Raymond Babbitt, é baseado na vida de Kim Peek, uma pessoa com deficiência psicomotora, mas com uma memória extraordinária, ou seja, com síndrome de Savant.

Ilhas de sabedoria: Os autistas savant

Cunhado em 1887 por John Langdon Down para se referir a indivíduos com habilidades excepcionais em uma área cognitiva, mas com deficiência intelectual, a síndrome de Savant provém do verbo francês *savoir*, que significa "conhecer". Langdon Down, que também descreveu a síndrome de Down (hoje Trissomia 21), apresentou o caso de dez pessoas — a maioria crianças — com destaque em áreas como música, aritmética, memória ou arte e que, no entanto, tinham uma deficiência mental severa. Um de seus pacientes, por exemplo, recitou de trás para a frente e de frente para trás *Ascensão e queda do Império Romano*, uma obra monumental de seis volumes, sem cometer um único erro. Outras crianças mostraram ser gênios musicais ou matemáticos, apesar de "terem um vazio comparativo nas demais faculdades da mente".[2]

Antes chamado de "ilhas de genialidade", o primeiro caso foi descrito em uma revista de psicologia alemã em 1783. Jedediah Buxton, um homem que não sabia ler nem escrever, era capaz de realizar cálculos inverossímeis: apenas caminhando pelas terras de sua cidade natal, Elmton, ele mediu com exatidão sua superfície em "acres, pértigas e polegadas quadradas"; além disso, podia reter números de até quarenta dígitos na memória. Para todo o resto, era considerado uma pessoa com deficiência mental (abstenho-me de usar o termo pejorativo da época...).

Contudo, o caso mais famoso, é claro, é o de Kim Peek, que chegou a memorizar 6 mil livros, incluindo listas telefônicas, enciclopédias e mapas de cidades, e que podia calcular o dia da semana em que cairia uma determinada data cerca de mil anos no futuro. Apesar dessas habilidades extraordinárias, possuía um quociente intelectual muito abaixo da média, e sua deficiência psicomotora o impedia até mesmo de abotoar a camisa.[3] Embora sempre tenha tido dificuldades para se relacionar socialmente, a fama que veio com o filme teve um impacto positivo em sua vida. Segundo seu pai, ele desenvolveu autoconfiança e novas habilidades para conversar com desconhecidos. Viajou pelos Estados Unidos e Canadá participando de conferências e ajudou a conscientizar a população sobre as pessoas com deficiência e como elas podem ser integradas à sociedade. Até sua morte, em 2009, sempre esteve disposto a colaborar com pesquisas científicas sobre sua condição e a conversar com quem o procurasse.

Atualmente, há muitos outros casos conhecidos de savants, como Leslie Lemke, que, sem ter formação musical, é capaz de interpretar qualquer música depois de ouvi-la apenas uma vez, independente do gênero ou da dificuldade. Ou Derek Amato, que, depois de bater a cabeça no fundo de uma piscina, tornou-se pianista profissional sem nenhuma experiência prévia. Ou ainda Orlando Serrell, que, após um traumatismo, desenvolveu habilidades aritméticas excepcionais e se lembra com exatidão do clima de qualquer dia desde o acidente. Stephen Wiltshire é um jovem autista que não aprendeu a falar até os nove anos, mas que é capaz de desenhar com exatidão o mapa de uma cidade depois de vê-la uma única vez (no YouTube é possível encontrar um vídeo em que ele desenha a cidade de Tóquio em um painel de dez metros após um breve passeio de helicóptero). Daniel Tammet, um autista altamente funcional, precisa se lembrar constantemente de que não deve invadir o espaço pessoal dos outros, de que é preciso olhar nos olhos e que as lágrimas escorrendo pelas bochechas indicam tristeza; apesar disso, fala onze idiomas (aprendeu islandês em apenas uma semana), pode recitar até 22 514 casas decimais do número pi e percebe os números como formas geométricas, o que lhe permite realizar cálculos complexos.

A peculiaridade da síndrome de Savant sugere um transtorno funcional ou estrutural no cérebro, embora os estudos de neuroimagem sejam escassos e não tenham fornecido evidências conclusivas. No caso de Peek, por exemplo, foi identificada uma agenesia do corpo caloso e da comissura anterior. Ou seja, Peek não possuía as estruturas que conectam os dois hemisférios cerebrais. Isso levou à hipótese de que a síndrome de Savant é resultado de um processamento diferente da informação.

Normalmente, o cérebro processa a informação de forma holística, com ambos os hemisférios, o que permite criar vínculos e abstrações complexas. Alguns postulam que os savants carecem desse processamento holístico, o que lhes possibilita concentrar toda a sua capacidade de atenção em uma única atividade (memória, desenho ou cálculos matemáticos), ignorando o panorama geral. Isso poderia explicar os casos de savant adquirido, nos quais uma lesão cerebral — seja por trauma, acidente vascular cerebral ou demência — altera o processamento da informação e o restringe a certas áreas. Não é incomum, por exemplo, que após uma lesão em um dos hemisférios surjam novas habilidades, embora sem chegar ao extremo de um savant.

Por meio de experimentos, é possível simular uma lesão em um dos hemisférios sem causar dano permanente. Allan Snyder, um neurocientista australiano, utilizou a estimulação magnética transcraniana (EMT) para enviar pulsos eletromagnéticos a uma área específica — o córtex frontotemporal esquerdo — e inibi-la temporariamente em sujeitos "normais". Comparou suas habilidades numéricas antes e depois e constatou que elas melhoraram na grande maioria dos participantes submetidos à estimulação.[4] No entanto, outros pesquisadores não conseguiram replicar esses resultados.

A síndrome de Savant se manifesta em diferentes graus. Os savants prodigiosos, como as pessoas descritas aqui, são tão raros que se estima que existam hoje menos de cem casos.[5] A habilidade mais comumente desenvolvida é a musical, seguida da memória, do cálculo matemático e da arte, embora pouco mais da metade desses indivíduos apresente mais de uma habilidade. Um aspecto singular é que a maioria deles experimenta sinestesias, uma condição que permite sentir algo por meio de uma modalidade diferente (ver capítulo 3), o que facilitaria o manejo de grandes números ou notas musicais.

Embora tenham sido registrados casos de síndromes adquiridos, sobretudo depois de um traumatismo cerebral, a síndrome de Savant é, principalmente, um transtorno do neurodesenvolvimento, similar ao autismo. Estima-se, por exemplo, que uma em cada dez pessoas autistas possua habilidades típicas dessa síndrome. Da mesma forma, até 50% das pessoas com síndrome de Savant apresentam também um transtorno do espectro autista.[6] Por essa razão, a síndrome foi classificada como parte do espectro autista durante muito tempo, embora hoje em dia sejam consideradas entidades distintas que compartilham certos mecanismos. Também foram observadas habilidades características da síndrome de Savant em transtornos genéticos como a síndrome de Smith-Magenis, a de Prader-Willi e a de Williams, motivo pelo qual não se descarta um fator genético.

Ilhas de desinformação: Autismo e vacinas

A história de indivíduos autistas com síndrome de Savant, como Kim Peek, impulsionou as pesquisas sobre o autismo no final dos anos 1990. Um dos episódios mais infames da ciência está ligado à busca por sua causa.

A prestigiada revista médica *The Lancet* publicou, em 1998, um artigo de Andrew Wakefield no qual ele associava o autismo e a colite com a vacina MMR (sarampo, caxumba e rubéola).[7] Apesar de nenhum outro estudo ter conseguido replicar os resultados, o artigo gerou desconfiança em relação às vacinas, aos médicos e às farmacêuticas. Pais e mães de todo o mundo se recusaram a vacinar seus filhos, o que aumentou o risco de uma infecção viral que se acreditava estar controlada e pôs em risco a vida de milhares de crianças no mundo inteiro.

Uma rigorosa investigação, que se prolongou por mais de dez anos, revelou uma fraude sem precedentes. Wakefield não apenas violou normas éticas ao realizar estudos invasivos em crianças sem os devidos consentimentos, como também manipulou e falsificou os dados para estabelecer uma relação causal inexistente. Além disso, seu estudo foi financiado por advogados que representavam pais em um processo contra uma farmacêutica produtora de vacinas.[8] Estima-se que Wakefield tenha lucrado mais de 43 milhões de dólares por ano vendendo kits diagnósticos para a síndrome que ele mesmo havia inventado.

The Lancet se retratou — parcialmente em 2004 e completamente em 2010 — e pediu desculpas publicamente. Embora Wakefield tenha perdido sua licença para exercer a medicina no Reino Unido, até hoje ele defende suas conclusões e se tornou uma das principais vozes do movimento antivacinas.[9] Ele não apenas é amplamente responsável pelo ressurgimento de doenças virais preveníveis, como também contribuiu para o negacionismo que ceifou tantas vidas durante a pandemia de Sars-CoV-2.[10] Esse caso é um bom lembrete de que a notoriedade de uma condição nem sempre facilita sua investigação.

Como em todos os transtornos do neurodesenvolvimento, a interação entre fatores genéticos e ambientais parece estar na base do transtorno do espectro autista. Estudos neuropatológicos revelaram alterações na arquitetura do cérebro, particularmente no cerebelo, no sistema límbico, no lobo frontal e no lobo temporal (área da linguagem).[11] Essas alterações poderiam afetar os mecanismos de autopercepção, além de funções executivas como planejamento, flexibilidade, memória de trabalho e autocontrole. Como indivíduos com autismo têm dificuldades para processar informações afetivas e para se pôr no lugar dos outros, sugeriu-se uma disfunção nos sistemas cognitivos que geram a teoria da mente — a capacidade de inferir estados mentais (como pensamentos, desejos e intenções) de outra pessoa para interpretar e prever seu comportamento.[12]

No imaginário coletivo, graças a filmes como *Rain Man* ou personagens como Sheldon, de *The Big Bang Theory*, predomina a imagem do gênio autista incapaz de estabelecer vínculos sociais. Embora isso seja verdadeiro para uma pequena porcentagem das pessoas com autismo, trata-se de uma condição tão variada que passou a ser chamada de espectro. Caracteriza-se por dificuldades de integração social, interesses restritos e comportamentos repetitivos.[13] As deficiências na integração social podem se manifestar como dificuldades para iniciar ou manter qualquer tipo de interação, reconhecer ou expressar emoções e processar ou compreender os pensamentos dos outros. Esses sintomas são visíveis desde a primeira infância, por volta dos três anos de idade, e afetam pelo menos 16% da população infantil mundial.

Com uma capacidade diferente de processar a informação, o mundo pode ser um lugar imprevisível e desconcertante para alguém que se encontra no espectro autista. Por essa razão, estabelecer uma rotina — como repetir as mesmas tarefas, vestir-se com as mesmas cores ou comer os mesmos alimentos — pode reduzir a ansiedade e oferecer certa sensação de controle. Com frequência, e sem a intenção de gerar estereótipos, essas crianças podem, por exemplo, passar horas observando trens em busca de ordem e padrões (*trainspotting*).

Mais do que a atividade desempenhada, é a intensidade com que se fixa a atenção que caracteriza essa condição. Os interesses das pessoas que vivem com essa condição costumam ser tão limitados que elas se sentem desconfortáveis fora deles. Esse tipo de comportamento, quando não é incapacitante, pode favorecer — como no caso da síndrome de Savant — a atividade artística ou científica, especialmente aqueles padrões de comportamento que são recorrentes e controlados, e que podem cristalizar-se em algum tipo de identidade ou rotina. Em um mundo moldado para indivíduos neurotípicos, no entanto, são necessárias estratégias de "camuflagem" para conseguir integrar-se — com maior ou menor sucesso — à sociedade, o que muitas vezes impede que desenvolvam seus interesses com plena liberdade.

Repetir, repetir, repetir: A pop art

Em seu livro *O gene egoísta* (1976), o biólogo britânico Richard Dawkins cunhou um termo que se consolidou na cultura atual: "meme". Segundo Dawkins, todos os processos evolutivos dependem da capacidade de copiar, selecionar e reter informações. Por meio da seleção natural, os replicadores de informação mais eficientes — ou seja, os genes — sobrevivem aos menos eficientes e se consolidam no acervo genético. Os mesmos mecanismos, afirma Dawkins, regem a evolução cultural, através de replicadores conhecidos como memes. Assim como os genes, suas propriedades determinam a probabilidade de serem copiados e transmitidos de pessoa para pessoa por meio da repetição. Com o crescimento da internet e das redes sociais, essas unidades culturais — ideias, comportamentos ou estilos — se propagam em forma de imagens ou vídeos com uma velocidade inusitada, de modo que não é nenhuma coincidência chamarmos esse padrão de propagação de "viralização". Como nunca antes, somos testemunhas, em tempo real, da disseminação de uma ideia e de suas consequências.

Desde a segunda metade do século XX, o reconhecimento artístico está vinculado à viralização e à reprodução de um conteúdo. Seja por meio de um "curtir", de um coração ou do simples compartilhamento, julgamos a qualidade de uma obra — e seu valor de mercado — com base em sua popularidade. A arte, como qualquer outra profissão, está sujeita à sua cotação. Nas décadas de 1950 e 1960, principalmente nos Estados Unidos e no Reino Unido, um novo movimento artístico soube associar a cultura popular à comercialização: a pop art. Como a maioria dos movimentos, surgiu primeiro como uma cisão da arte convencional ensinada nas academias, que estava muito distante da vida cotidiana. Incorporou os meios de entretenimento de massa que saturavam os sentidos com publicidade, filmes de Hollywood, programas de televisão, música e histórias em quadrinhos. Segundo Richard Hamilton, um dos primeiros expoentes, a pop art deveria ser "popular, transitória, descartável, de baixo custo, de produção em massa, jovem, engenhosa, sexy, sensacionalista, glamorosa e, o mais importante, um grande negócio".[14]

Uma das principais figuras da pop art, que desenvolveu toda uma iconografia do consumismo e redefiniu o conceito de fama, foi Andy Warhol. Filho de imigrantes eslovacos, ele nasceu em 1928 em Pittsburgh, Estados Unidos, onde passou uma infância de relativa pobreza e saúde frágil. Após uma infecção respiratória, provavelmente escarlatina, ele desenvolveu uma doença do sistema nervoso — a coreia de Sydenham ou dança de São Vito — caracterizada por movimentos descontrolados dos membros que o mantiveram acamado por várias semanas, ouvindo rádio e colecionando fotografias de estrelas de cinema. Desde jovem, Warhol apresentava sintomas de ansiedade social e tinha dificuldades de relacionamento com outras crianças.

Em 1949, após se formar em design pictórico na Faculdade de Belas-Artes, mudou-se para Nova York para trabalhar como ilustrador em uma revista de moda e publicidade. Seu estilo peculiar de desenhar sapatos, além da técnica *blotted-line* ou "linha borrada", que lhe permitia repetir uma imagem e criar variações infinitas sobre ela, chamou a atenção de Alexander Iolas, um galerista que organizou sua primeira exposição na Hugo Gallery de Nova York em 1952. No início da década de 1960, Warhol fundou seu próprio estúdio e, em 1962, a revista *Time* apresentou uma pintura que se tornaria seu trabalho mais icônico: as *Latas de sopa Campbell*. Composta de 32 telas, a obra retrata cada uma das variedades e sabores da sopa Campbell. Trata-se de uma crítica à produção em massa e à cultura do consumo, ou talvez fosse apenas sua marca de sopa preferida.[15]

Nesse mesmo ano, Warhol exibiu uma série de oito retratos da artista americana Marilyn Monroe, e depois outra de Elvis Presley no ano seguinte. Transferiu seu estúdio para a rua 47 Leste e o renomeou como A Fábrica, um local onde, durante vinte anos, artistas, músicos e celebridades se reuniriam em festas extravagantes. Além de ser o ponto de encontro da alta sociedade nova-iorquina, A Fábrica funcionava como uma linha de montagem na qual várias pessoas estavam envolvidas na produção de obras, da mesma forma que as grandes corporações fabricam bens em massa.

Apesar de seu caráter tímido e reservado, Warhol se tornou uma das pessoas mais célebres dos Estados Unidos nas décadas de 1960 e 1970. Fez incursões na televisão, no cinema e na fotografia, e ressurgiu em 1980 como amigo e mecenas de jovens artistas do porte de Jean-Michel Basquiat, Julian Schnabel e David Salle. Sempre envolto em glamour e centrado no culto à sua personalidade, Warhol via no negócio da arte uma qualidade artística em si mesma. "Ser bom nos negócios é um dos tipos de arte mais fascinantes. Ganhar dinheiro é arte, e trabalhar é arte, e bons negócios são a melhor arte", chegou a dizer em uma entrevista.[16] Em 1987, após uma cirurgia na vesícula biliar, morreu de maneira inesperada aos 58 anos.

Andy Warhol e a pop art extrapolaram para a cultura popular muitas das noções artísticas das vanguardas. Marcel Duchamp, por meio dos ready-mades, evidenciou a ambiguidade do conceito de arte. Propôs que esta deveria "servir à mente", em vez de se conformar em agradar à retina (chamando-a depreciativamente de "arte retiniana").[17] Por meio da repetição e multiplicação, a pop art colocou o foco de atenção no conceito mais do que na obra. A ideia era algo maior que a tela, e a representação, mais importante que o representado.

O caráter reservado de Warhol e seu gosto pela repetição levaram muitos a especular que ele se encontrava dentro do espectro autista.[18] Ian Stewart, um músico britânico com autismo e cofundador dos Rolling Stones — e que, a pedido do empresário, foi rebaixado de integrante do grupo a diretor de turnê por não se encaixar na imagem da banda —, foi um dos primeiros a apresentar esse argumento depois de se identificar com um ensaio de Warhol. Em seu livro *A filosofia de Andy Warhol: De A a B e de volta a A* (1977), Warhol descreve que deve sempre comprar o mesmo tipo e marca de roupa íntima, certificando-se constantemente de que as propriedades do tecido não tenham mudado. Como pessoa — do grego *prósopon*, que significa "máscara" — pública, entendeu seu papel no palco. Sua imagem midiática foi cuidadosamente esculpida por ele mesmo: "O que você é não é o que conta, mas o que acreditam que você é", diz em um documentário.[19] Enquanto isso, no âmbito privado, tinha dificuldade em se relacionar com outras pessoas, era um homem reservado, de voz trêmula, evitava o contato visual, tinha comportamentos infantis e muitas vezes carecia de empatia. Obcecado por seus projetos, os mais próximos a ele ressaltavam sua incapacidade de se interessar por temas que não lhe diziam respeito. Durante toda a sua vida adulta, almoçou a mesma marca de sopa, colecionou obsessivamente objetos cotidianos, usou as mesmas fragrâncias e se refugiou em rotinas. A repetição, o comportamento inflexível e os interesses limitados são, como já dissemos, condições fundamentais no diagnóstico do autismo, e Warhol fez deles o emblema de sua arte. Os mesmos traços que o excluíram na infância foram os pilares de sua obra.

Com uma autoconsciência sombria e avassaladora, Warhol ironiza:

> Não falta nada. Tudo está aí. O olhar sem afeto. A graça difratada, a estranheza chique, o assombro passivo, o glamour enraizado no desespero, a indiferença autoadmirada, a alteridade aperfeiçoada, a aura vagamente sinistra... não falta nada. Sou tudo o que meu álbum de recortes diz que sou. Se você quiser saber tudo sobre Andy Warhol, basta olhar a superfície de meus quadros e filmes e a mim. Lá estou eu. Não há nada por trás.[20]

Mais do que mascarar seu comportamento, ele teve a magnificência e coragem de explorá-lo. Incapaz de se encaixar no mundo, projetou o seu próprio. Somos nós, imersos na cultura de massas, que vivemos em seu universo.

Navegando pelo arquipélago:
O espectro do autismo e a arte

Não se deve supor que Andy Warhol ou qualquer indivíduo no espectro autista sofra de uma doença mental. Os transtornos do neurodesenvolvimento, que incluem condições como o transtorno do espectro autista e o transtorno de déficit de atenção e TDHA, são variações do comportamento. Embora representem um fator de risco para o desenvolvimento de doenças mentais (cerca de 70% dos indivíduos diagnosticados com esses transtornos apresentam algum distúrbio psiquiátrico concomitante), esses termos são reservados àqueles cuja função neurocognitiva está fora do intervalo considerado normal para sua idade e que estão associados a impedimentos significativos.[21] Embora possam ser condições potencialmente alienantes e incapacitantes, isso depende em grande medida do contexto social.

Em 1997, a ativista e socióloga australiana Judy Singer cunhou, em sua tese de graduação, um termo que hoje é o estandarte das políticas de identidade: "neurodiversidade".[22] Mãe de uma filha com autismo e autista ela mesma, Singer se posicionou contra o modelo social que assume como patológica qualquer divergência cognitiva. Sua perspectiva rejeita noções como cérebros "normais" ou "saudáveis" e critica a classificação dos transtornos do neurodesenvolvimento como doenças mentais, especialmente porque esses traços podem ser vantajosos em certas situações. Isso levou ao surgimento de novos termos como "neurodivergente" e "neurotípico", que servem para descrever subconjuntos da população delimitados pelas normas sociais vigentes.[23]

Na prática clínica, no entanto, os rótulos diagnósticos, ou seja, os nomes de diferentes transtornos psicológicos ou psiquiátricos, facilitam a comunicação e a compreensão. Tanto o

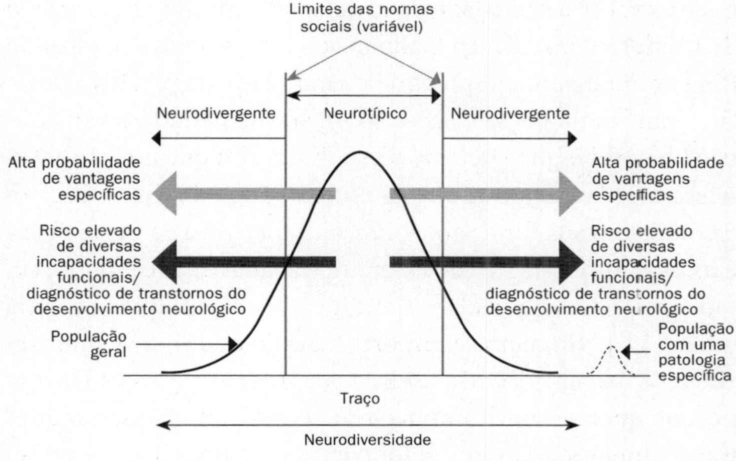

Relação entre as funções neurocognitivas e os termos "neurodiversidade", "neurotípico" e "neurodivergente". Assume-se que as funções neurocognitivas têm uma distribuição normal na população e que as convenções sociais se concentram na norma, aumentando o risco de incapacidade.

Manual diagnóstico e estatístico de transtornos mentais (DSM-5) quanto a *Classificação internacional de doenças* (CID-11) concordam que traços de personalidade não podem ser classificados como normais ou patológicos. O diagnóstico ocorre, então, quando esses traços, que estão fora dos limites da variação normal, causam um impedimento. Portanto, os indivíduos com traços extremos, mas funcionalmente capacitados, não entram no diagnóstico. A finalidade deste e da terapia não é mudar a "normalidade" de uma pessoa, mas lhe fornecer as ferramentas para se adaptar a um ambiente onde as normas sociais são desfavoráveis a ela. Embora, para ativistas como Singer, as intervenções devessem ocorrer no âmbito cultural, ou seja, deveria ser criada uma sociedade mais inclusiva: "Se a biodiversidade é essencial para a estabilidade do ecossistema, por que a neurodiversidade não pode ser essencial para a estabilidade cultural?".[24]

Birdman (2014), entre suas várias leituras, mais do que especular sobre a sociedade do espetáculo, aborda nosso anseio de validação. Jake (Zach Galifianakis), o assistente pessoal de Riggan Thomson, o repreende quando ele está prestes a desistir e cancelar a peça. "Isso é sobre ser respeitado e validado, não? Isso foi o que você me disse. Foi assim que me envolveu nessa merda." Em outra cena emblemática do filme, Riggan discute com sua filha Sam sobre a importância da peça: "Essa é minha última chance de fazer um trabalho que realmente signifique algo". Ao que ela responde: "Que signifique algo para quem? [...] Ninguém se importa mais do que você. Vamos ser sinceros, papai, você não faz isso por amor à arte. Você faz isso porque quer se sentir importante de novo. Bem, sabe o quê? Existe um mundo inteiro lá fora onde as pessoas lutam para ser importantes todo dia e você age como se elas não existissem".

O mundo, visto através de nossos olhos, está povoado por personagens que entram e saem de nossas vidas. Alguns, como Andy Warhol ou Riggan Thomson, se empenham com ferocidade em ser reconhecidos como os personagens principais e, às vezes, conseguem. Outros, os poucos que ficam, nos acompanham como personagens secundários até o ponto-final, se tivermos sorte, ou até que o capítulo termine. Os terciários, aqueles que intervêm circunstancialmente e parecem adornar a trama, são a imensa maioria, e raramente prestamos atenção neles. Em cada um, no entanto, habita um protagonista com uma história a contar. Não é necessário ser um savant para prestar atenção; existem tantos mundos como mentes, e para todos há um lugar.

8.
Artistas marginalizados

Martín Ramírez, as doenças mentais e o mito do gênio atormentado

E na minha loucura encontrei
liberdade e segurança;
a liberdade da solidão e a segurança
de não ser compreendido.

Gibran Khalil Gibran

Loucura e genialidade

Em 29 de novembro de 1935, dá entrada no hospital de São Luís dos Franceses um escriturário português com o fígado em pedaços. Décadas de alcoolismo culminaram em uma cirrose hepática, e aquele que um dia foi aspirante a escritor pede os óculos e escreve, pela última vez, em um pedaço de papel: "Não sei o que trará o amanhã". Fernando Pessoa, com 47 anos, morre na manhã seguinte. Como quase todas as mortes, não repercute além de umas poucas ruas.

Quando seus amigos entram em seu minúsculo sótão, encontram um velho baú contendo centenas de papéis: cartas, diários, livros de poesia, romances inacabados e reflexões. Desse baú insondável surgiu uma das carreiras literárias mais prolíficas e monumentais de todos os tempos. Pela diversidade, pode-se pensar que as obras não são fruto de um só autor, mas de vários escritores, especialmente porque a maioria dos textos aparece assinada com um pseudônimo ou, como Pessoa preferia chamá-lo, heterônimo. Dezenas e dezenas de livros escritos por poetas fictícios. Embora suas biografias sejam apócrifas, suas vozes e pensamentos não o são. Cada um de seus mais de setenta heterônimos conhecidos possui uma consciência própria, na qual a realidade se torna indistinguível da ficção. Somado ao fato de que Pessoa nunca tentou publicar em vida, sua obra não traça uma linha clara entre genialidade e loucura. Em um desses papéis soltos, lê-se: "A loucura, longe de ser uma anormalidade, é a condição normal do ser humano. Quando não se tem consciência da loucura e ela não é grande, é-se um homem normal. Quando não se tem consciência dela e ela é grande, é-se um louco. Ter consciência dela, se ela é grande, é ser um gênio".

A figura do gênio atormentado faz parte do imaginário coletivo desde os primórdios da civilização. Na Grécia antiga, Aristóteles escreveu que "nenhuma mente grandiosa existiu sem um traço de loucura",[1] e desde então a lista só aumentou: Vincent van Gogh, Robert Schumann, Ludwig van Beethoven, Sylvia Plath, Virginia Woolf, Anne Sexton, Ernest Hemingway, Amedeo Modigliani, Alexander Grothendieck e muitos outros. Mesmo as mentes mais lógicas sucumbiram à irracionalidade. Quando perguntaram ao gênio matemático John Nash, vencedor do Prêmio Nobel e esquizofrênico, por que acreditava que os alienígenas o haviam escolhido para salvar o mundo, ele respondeu: "Porque as ideias sobrenaturais me chegam da mesma forma que as soluções matemáticas, tenho que levá-las a sério".[2]

Em seu livro revelador *Quando deixamos de entender o mundo*, Benjamín Labatut apresenta mentes brilhantes e atormentadas que moldaram nossa compreensão do mundo durante o século XX. Personagens que, ao tentar decifrar os mecanismos que compõem a realidade, se tornaram vítimas de seu próprio delírio metafísico: a ilusão de acreditar que podemos compreendê-la.

Um deles, Werner Heisenberg, decide, com apenas 23 anos, isolar-se em uma ilha no mar do Norte até encontrar uma teoria que explique a nascente física quântica. No minúsculo arquipélago de Heligolândia, ele se dedica a entender o ainda mais minúsculo mundo subatômico. Rodeado por penhascos, sob chuva e neblina constantes, tranca-se em um quarto de hotel para decifrar as leis do que não pode ser visto. Sem imagens, conceitos ou modelos, empenha-se em derivar equações a partir de um punhado de dados que ocultam o que ocorre dentro de um átomo.

Poucos dias depois, uma febre terrível o ataca, acompanhada por uma forte alergia, e logo um resfriado ameaça se tornar uma pneumonia. Nos dias seguintes, arrasta-se da cama à escrivaninha, sem comer nem beber, e à noite recita textos de Goethe, seu autor favorito, na voz de Zuleica, com gotas de suor peroladas na testa: "Onde está a cor que pode cingir o céu?/ A névoa cinza me deixa cega/ quanto mais olho menos vejo". A dona do pequeno hotel, Frau Rosenthal, encontra Heisenberg no chão, em um estado entre o torpor e o delírio, balbuciando frases sobre oscilações e matrizes, órbitas harmônicas e linhas espectrais. Finalmente, ele perde a consciência e mergulha em um sono que bem poderia ser continuação de suas alucinações. Ao despertar, depois de ser atendido por um médico trazido por Rosenthal, sua mente está estranhamente clara. Heisenberg corre até a escrivaninha e olha, estupefato, para seu caderno de anotações: nele estão todas as matrizes, todos os cálculos matemáticos que modelam o mundo subatômico. Ele conseguiu ver o interior dos átomos.[3]

Arte marginal: Criando a partir de espaços invisíveis

Do latim, preservou-se uma palavra que não é raro ouvir tanto nos corredores de um hospital quanto em um poema romântico: "delírio". Sua origem está ligada à agricultura, pois provém do prefixo *de-* ("afastamento") e *lira* ("sulco"), "sair do sulco do arado". Alguém que delira está fora do sulco, ou seja, desvaria. Conceitualmente, a etimologia se assemelha à de outras palavras que implicam dissociação da realidade. Paranoia, por exemplo, vem do grego *para* ("à margem") e *nous* ("mente"), "alguém à margem da razão".[4]

A ideia romântica do artista marginal saturou nossa imaginação. Às vezes, como no caso de Heisenberg, trata-se de um exílio autoimposto, uma necessidade de isolamento. Em outras ocasiões, mais frequentemente, é fruto de uma alienação social, o preço de não ser compreendido, a tal ponto que parece que a rejeição inicial é um requisito para a genialidade. Chegou a florescer o mercado dos gênios incompreendidos, aqueles à frente de seu tempo cuja morte no anonimato representa a melhor estratégia de marketing para seus agentes. Por isso é importante diferenciar entre o ostracismo derivado de condições materiais, como a falta de apoio ou o reconhecimento da obra, e aquele que deriva de condições psicossociais, pela impossibilidade de se integrar como indivíduo na comunidade.

Na década de 1940, o artista francês Jean Dubuffet cunhou o termo *art brut* para descrever a arte criada fora dos limites da cultura oficial, especialmente a concebida por aqueles que estavam à margem da cena artística estabelecida. Para Dubuffet, "aqueles trabalhos criados na solidão e a partir de impulsos criativos autênticos e puros — em que as preocupações com competição, aclamação ou promoção social não interferem — são, por essas mesmas razões, mais preciosos do que as produções dos profissionais".[5] Em sua visão, a arte convencional ou acadêmica havia se tornado um jogo de máscaras e fachadas, completamente inacessível para as pessoas comuns, e a verdadeira arte encontrava-se fora dos limites. A *art brut*, a arte verdadeira, só poderia ocorrer em lugares isolados da cultura hegemônica, ou seja, nos pavilhões psiquiátricos ou entre eremitas ou espiritualistas.

Um livro publicado duas décadas antes pelo psiquiatra Hans Prinzhorn, *A arte dos doentes mentais*, foi uma revelação para Dubuffet. Considerado um catalisador no campo da arte psiquiátrica, talvez tenha sido o primeiro texto a analisar as obras dos doentes mentais não apenas pela psicologia, mas também pela estética. Nele, apresenta o trabalho de dez pacientes esquizofrênicos do hospital de Heidelberg que o autor descreve como verdadeiros mestres. Inspirado por esse livro, Dubuffet embarcou na tarefa de rastrear artistas em manicômios e prisões. Ele via as instituições psiquiátricas como espaços de isolamento psicológico e cultural, sem compreender que também são entidades sociais nas quais os indivíduos estão atravessados por suas próprias condições materiais, razão pela qual sua definição de arte pura não escapou de críticas.[6]

Nesse contexto, um professor de arte e psicologia da Universidade de Sacramento, Tarmo Pasto, conheceu em 1948 Martín Ramírez, um paciente psiquiátrico recém-transferido para o Hospital Estadual de Dewitt vindo do Hospital Estadual de Stockton, onde havia sido internado em 1931.

Martín Ramírez, que nasceu em 1895 em uma comunidade rural de Jalisco, cresceu em um ambiente camponês durante um período de grandes mudanças e instabilidade política no México. Com apenas quinze anos, viu a Revolução Mexicana desenrolar-se diante de seus olhos. Diferentes exércitos marcharam levantando vivas e nuvens de poeira sobre as terras que ele próprio cultivava. Não surpreende que a figura do cavaleiro revolucionário permeie muitas de suas obras.

Em 1918, casou-se e mudou-se para Tototlán, onde comprou a crédito vinte hectares de terra para cultivo e uma casa de adobe e telha onde viveu com a esposa e as três filhas. Em 1925, migrou para os Estados Unidos na esperança de quitar a dívida contraída pela compra da terra. Trabalhou como peão e enviava dinheiro regularmente ao irmão para que cuidasse da terra e da família. Em janeiro de 1927, quando planejava o retorno ao México, estourou em Jalisco a Guerra Cristera, uma rebelião armada contra o governo mexicano que buscava limitar o poder do clero. Aos gritos de "Viva Cristo Rei!", milícias de religiosos católicos, em sua maioria camponeses incitados pelos bispos, pegaram em armas em um conflito que se prolongou por três anos e tirou a vida de mais de 250 mil pessoas.

Durante a guerra, o governo mexicano forçou milhares de famílias a abandonar o campo e a se concentrar em cidades maiores para isolar os insurgentes. As igrejas foram saqueadas e os símbolos religiosos, destruídos. O irmão de Ramírez foi acusado de colaborar com os *cristeros*, o que lhe tirou todas as terras e animais. E sua esposa, María Santa Ana, foi forçada a se juntar ao Exército federal. Nessas condições, Martín Ramírez decidiu não regressar ao México e pediu ao irmão que cuidasse de seus filhos.

A situação piorou com a Grande Depressão de 1929. Ramírez, assim como milhares de migrantes, ficou sem emprego, já que as leis proibiam a contratação de pessoas com aparência de mexicanos, com o objetivo de resguardar os poucos postos de trabalho para os estadunidenses. Em 1931, Ramírez, agitado e confuso, foi detido pela polícia e posteriormente enviado ao Hospital Estadual de Stockton para doentes mentais. Após vários meses de observação e sem a presença de um intérprete, foi diagnosticado com esquizofrenia catatônica. Naturalmente, as limitações linguísticas, a barreira cultural e sua condição de migrante mexicano influenciaram no diagnóstico, que gerou controvérsias. Ramírez sofria uma grave crise emocional e estava mergulhado, talvez, em uma profunda depressão que o afetava psicologicamente. Após uma tentativa de fuga bem-sucedida, ele voltou alguns dias depois por vontade própria ao hospital, onde ao menos recebia comida e tinha um teto sob o qual dormir.

Quando foi transferido para o Hospital Estadual de Dewitt, começou a desenhar de maneira compulsiva, em parte porque esse hospital facilitava, ainda que minimamente, suas expressões criativas, pois recebia aulas de cerâmica uma vez por semana e alguns materiais para colorir. Levantava-se à noite para recolher restos de papel das lixeiras do pavilhão. Com uma espécie de cola que fabricava utilizando pão e aveia misturados com saliva e até catarro, colava restos de jornais, folhas de revistas, copos achatados e envelopes até formar uma superfície sobre a qual pudesse desenhar. Com o carvão da ponta dos fósforos, traçava as primeiras linhas. Depois, misturava graxa, lápis de cera, aquarelas e até suco de frutas para criar uma espécie de tinta que usava como pintura. Tarmo Pasto, psicólogo e também artista, ficou fascinado pelas obras de Ramírez e, além de lhe fornecer materiais melhores, dedicou-se a divulgar seu trabalho.

Gail Northe, uma voluntária da Cruz Vermelha que também lhe fornecia materiais, foi fundamental para introduzi-lo no mundo da arte de San Francisco. Por meio de diversas conexões, e graças ao caráter inquietante de sua obra, Martín Ramírez conseguiu, em 1952, realizar sua primeira exposição individual. Após sua morte em 1963, aos 69 anos, devido a um edema pulmonar, seus mais de quinhentos desenhos continuaram sendo exibidos, principalmente em centros culturais universitários dos Estados Unidos. Graças a Tarmo Pasto, sua obra foi exibida pela primeira vez no México em 1971 como parte de uma exposição intitulada Arte e Psicopatologia, vinculada ao V Congresso Mundial de Psiquiatria, que teve lugar na Cidade do México naquele ano. No entanto, o reconhecimento internacional só chegaria na década seguinte, quando a arte marginal se transformou em um valor de mercado.

O termo "arte outsider", cunhado em 1972 por Roger Cardinal para introduzir o conceito de *art brut* nos círculos anglófonos, ganhou relevância à medida que surgiam nos Estados Unidos movimentos para reivindicar a arte produzida fora das academias e que incluía os trabalhos de qualquer indivíduo historicamente alienado, como os nativos norte-americanos, os afro-americanos, os chicanos e os imigrantes. Nesse contexto, a arte de Martín Ramírez representava a exclusão psicossocial por sua condição tanto de doente mental quanto de migrante.

Paradoxalmente, essas mesmas condições dificultam hoje a classificação e aceitação de sua obra. A comunidade mexicana não o considera totalmente mexicano; para a comunidade mexicano-americana, ou chicana, ele nunca foi alguém integrado a essa cultura e seu pertencimento a ela é negado. Se a isso somarmos seu diagnóstico de esquizofrenia, são poucos os artistas dispostos a compartilhar um espaço de exposição com sua obra. No entanto, são com essas mesmas etiquetas que ele é apresentado ao redor do mundo, desde o museu MoMA de Nova York até o Reina Sofía em Madri.

O conteúdo de sua obra também não facilita a tarefa. Sua temática é tão pessoal que catalogá-la se torna impossível. É certo que a cultura rural permeia sua obra, mas não da forma nacionalista como ocorre com o muralismo mexicano, e sim a partir da experiência própria. Vemos igrejas, campanários, cavaleiros e madonas, reminiscências de sua vida no campo. Também animais típicos dos Altos de Jalisco, como coelhos, texugos e veados, caminham pela estepe policromática de seus desenhos.

Sua obra não se limita às memórias do país perdido. Existe em seu trabalho a tensão palpável de um homem abandonado em uma encruzilhada. Solidão, incerteza e isolamento atravessam os pedaços de papelão onde monta sua realidade. A interseção entre migração, marginalidade e reclusão é um tema recorrente. Também o contraste entre as quatro paredes do centro psiquiátrico e o mundo que se desdobra por trás das janelas.

Martín Ramírez consegue criar mapas transnacionais de duas culturas que se cruzam, mas nunca se tocam, conectadas por trens que entram e saem de túneis infindáveis, por grandes estradas que se desvanecem na fronteira.[7] Em seus desenhos, distingue-se a ferrovia sobre os trilhos de um regresso adiado.

Apesar de várias tentativas, o governo dos Estados Unidos não conseguiu deportar Martín Ramírez, já que sua família não tinha dinheiro para cobrir os custos. Durante os 32 anos de internação, entre os dois centros psiquiátricos, recebeu apenas uma visita. Seu sobrinho, que trabalhava em uma fazenda na Califórnia, o visitou 27 anos depois de Ramírez deixar o México. Seu tio confirmou o desejo de permanecer no hospital, no México de seus desenhos. Seu corpo foi sepultado em um cemitério de Sacramento, nos Estados Unidos.

Doença mental e criatividade

Martín Ramírez é um exemplo excepcional de impulso criativo mesmo nas circunstâncias mais adversas. Marcado por experiências de marginalização, deslocamento cultural e reclusão, é difícil delimitar até que ponto sua criatividade artística é uma expressão sintomática de sua realidade ou de sua doença mental. A resposta deve ser buscada em um ponto intermediário, sobretudo se considerarmos que o diagnóstico de sua doença ainda hoje é tema de debate.

Como ocorre com muitos artistas, sua biografia projeta sombras sobre sua obra e contribui tanto para o mito quanto para as vendas, mas dificulta a análise crítica. Pode-se argumentar que obra e vida são inseparáveis, mas até mesmo a vida corre o risco de ser absorvida pela ficção — ainda mais quando se trata de doenças mentais, cujo magnetismo reside no pouco entendimento que temos delas.

O exemplo por excelência é o de Vincent van Gogh, cuja vida em perpétuo ostracismo culminou em vários colapsos mentais, internações em sanatórios e até em um possível suicídio. Tão extensa quanto sua paleta de cores, a lista das doenças que lhe são atribuídas inclui epilepsia, esquizofrenia, intoxicação por tinta, porfiria, doença de Ménière e até consumo de drogas. Utilizando critérios modernos e extrapolando informações extraídas de suas cartas, a hipótese atual indica que Van Gogh sofria de um transtorno bipolar esquizoafetivo com sintomas maníacos e depressivos.[8] Esse transtorno se caracteriza por mudanças extremas de humor, que vão da euforia à tristeza profunda. Os episódios maníacos se distinguem por autoestima excessiva, quase megalomaníaca, redução das horas de sono, fala desenfreada (logorreia), déficit de atenção, períodos de trabalho excessivo e hedonismo. Por outro lado, os episódios depressivos envolvem tristeza, incapacidade de sentir prazer (anedonia), desinteresse (abulia), distúrbios do sono, letargia, fadiga e até ideação suicida.

A biografia de Van Gogh está repleta de períodos cíclicos com esses sintomas. Durante sua vida, experimentou tanto episódios de ansiedade, depressão severa, remorso e insônia quanto momentos de grande ímpeto, proliferação de ideias e trabalho compulsivo (em dez anos, produziu novecentas pinturas e 1100 desenhos — ou seja, entre uma e duas obras por dia). Fumante inveterado, viciado em absinto e supostamente consumidor de tinta, Van Gogh tinha sérios problemas com o abuso dessas substâncias — também típico do transtorno bipolar. Esse transtorno, além disso, costuma apresentar forte predisposição genética, por isso não surpreende que muitos de seus familiares sofressem de doenças mentais, como seu irmão Theo, que tinha episódios depressivos; sua irmã Wilhelmina, que viveu trinta anos em um asilo psiquiátrico; ou seu irmão Cornelius, que se suicidou.

Outros estudos sugerem, no entanto, que Van Gogh tinha na verdade um transtorno de personalidade, mais especificamente

Vincent van Gogh, *Homem velho com a cabeça em suas mãos* (1890).

traços de personalidade limítrofe.[9] Seja qual for o diagnóstico exato, é inegável que seus problemas de saúde mental apenas engrandecem seu mito.

Casos como o de Martín Ramírez ou Vincent van Gogh, nos quais uma disfunção dos processos mentais parece inerente ao ato artístico, levantam questionamentos sobre a relação entre as doenças mentais e a criatividade.

Desde meados do século XX, a psiquiatria tem se dedicado a utilizar a arte para revelar processos mentais — e vice-versa. Embora sempre tenha havido especulação sobre uma correlação entre loucura e criatividade, a ligação entre ambas tem sido bastante oscilante ao longo da história. Na Antiguidade, a loucura era vista como um atributo ou castigo imposto pelos deuses. Durante a Idade Média, época em que foram retomados muitos conceitos hipocráticos desenvolvidos posteriormente por Galeno, ela era relacionada a um desequilíbrio dos humores. De acordo com as crenças da época, o excesso de sangue tornava a pessoa alegre, enérgica e vigorosa; o excesso de fleuma conduzia a um pensamento reflexivo e calmo; aqueles com excesso de bílis amarela possuíam uma natureza colérica, agressiva e ambiciosa; e os melancólicos tinham excesso de bílis negra, a enfermidade dos poetas.

Só no século XIX é que Philippe Pinel, precursor da psiquiatria moderna, classificaria as doenças mentais. De orientação humanista, foi um dos primeiros médicos a abolir o uso de correntes em sanatórios, alegando que as doenças mentais podiam ser compreendidas e, portanto, tratadas. Também foi o primeiro a diferenciar desordens orgânicas, como o delírio, de doenças mentais como a depressão — ideia que, para o bem ou para o mal, permanece vigente até hoje. Graças aos avanços da neurociência, está cada vez mais claro que as doenças psiquiátricas têm um importante componente orgânico. Genética, neurotransmissores, redes neurais e fatores ambientais desempenham um papel fundamental no desenvolvimento das psicopatologias. Por isso, diferenciar entre transtornos mentais (conjunto de sintomas distintivos sem causa orgânica aparente) e doenças mentais (processo patológico com causa orgânica) torna-se cada vez mais ultrapassado.

O primeiro problema ao vincular a criatividade com as doenças mentais é que estas últimas são muito diversas. O termo "loucura" é insuficiente para abarcar a vasta gama de psicopatologias, e muitas vezes é usado de forma indistinta. Um episódio psicótico, durante o qual o indivíduo perde o contato com a realidade, pode decorrer tanto de uma depressão severa quanto da esquizofrenia.

Em segundo lugar, é preciso determinar o que exatamente entendemos por criatividade. Se a definirmos como a capacidade de gerar uma ideia nova e original, é inegável que condições como a esquizofrenia ou o transtorno de déficit de atenção e hiperatividade (TDAH) — caracterizados pelo excesso de novas ideias — poderiam beneficiar o processo criativo. No entanto, uma ideia original por si só não garante sucesso. Ela deve também ter alguma utilidade ou ser adaptável ao seu contexto. Alguém incapaz de focalizar sua atenção e desenvolver um raciocínio dificilmente chegará a algum lugar com ele.

Com base nisso, há evidências empíricas de que fatores psicológicos subjacentes a transtornos psiquiátricos estão ligados a uma maior criatividade,[10] sobretudo em indivíduos saudáveis com histórico familiar de doenças mentais. Parentes não afetados de pessoas com transtorno bipolar tendem a ser mais criativos e estão sobrerrepresentados em profissões relacionadas (pintores, escritores, cientistas, músicos). O mesmo ocorre com os familiares de pessoas com esquizofrenia. Certos genes envolvidos na produção de dopamina poderiam relacionar a criatividade com essas doenças mentais. Se considerarmos o papel desse neurotransmissor na exploração cognitiva, intimamente relacionado ao sistema de recompensa, uma alteração em seus níveis pode intensificar a busca por estímulos novos, essencial para gerar novas ideias.[11]

Certas manifestações de doenças mentais e de outras condições neurológicas também apresentam semelhanças com muitos processos artísticos. A hipergrafia, por exemplo, é uma condição em que a pessoa é invadida por um desejo incontrolável, e portanto patológico, de escrever ou desenhar. Esse sintoma está associado a doenças como a epilepsia temporal, a degeneração frontotemporal, o transtorno bipolar e a esquizofrenia. Comumente, vem acompanhado de outros distúrbios de comportamento, como a hiper-religiosidade, a sexualidade atípica, os pensamentos não lineares e as respostas emocionais intensas, que, em conjunto, formam a síndrome de Geschwind. Essas mesmas características eram compartilhadas por Fiódor Dostoiévski e Vincent van Gogh, que, como vimos, sofriam de epilepsia temporal e transtorno bipolar, respectivamente. No entanto, o impulso de escrever ou desenhar é intrusivo e, na maioria dos casos, incapacitante. Esses indivíduos poderiam compartilhar processos neurocognitivos com algumas doenças mentais, como estados desinibidos da consciência, busca pelo novo ou hiperconectividade neuronal. Segundo alguns autores, uma pessoa criativa ocupa certo espaço no contínuo entre a normalidade e certos transtornos de personalidade.

É importante destacar que não existe uma relação direta entre criatividade e doença mental.[12] Expressar uma psicopatologia não aumenta a possibilidade de exercer uma profissão criativa, e afirmar o contrário mitifica a figura do gênio atormentado e idealiza as doenças mentais. Isso não difere muito de atribuir a elas um valor místico ou sobrenatural, de acreditar que a epilepsia é um castigo dos deuses ou que a cólera provém de um desequilíbrio de nossos humores. Essas concepções falsas levam à alienação e ao sofrimento das pessoas com doenças psiquiátricas. Ao contrário da genialidade, as doenças mentais são um fenômeno relativamente comum. Os transtornos do humor, como várias formas de bipolaridade ou os transtornos depressivos, afetam até 10% da população, ou seja, centenas de milhões de pessoas. A mesma porcentagem vale para transtornos de ansiedade, transtornos de personalidade, espectro autista e até mesmo esquizofrenia.[13] Por outro lado, a vasta maioria das pessoas criativas não apresenta nenhuma doença mental.

De onde vem, então, essa correlação histórica entre doença mental e genialidade? Talvez a resposta esteja em outro fenômeno mental: a heurística de disponibilidade, um mecanismo psicológico pelo qual a mente simplifica temas complexos para tomar decisões; uma espécie de atalho mental que otimiza o tempo e o esforço para chegar a uma resolução. Julgamos a probabilidade ou frequência de certos eventos com base nas memórias que temos deles. Isso significa que quanto mais recente ou acessível for um evento na memória de um indivíduo, mais provável ele lhe resultará; quanto mais informação disponível houver, mais convincente, e inclusive evidente, lhe parecerá.[14] Por essa razão, o fato de que se registrem mais mortes por ano causadas por objetos que caem de aviões do que por ataques de tubarão parece contraintuitivo, mas simplesmente uns não têm a mesma relevância midiática que outros.[15] Assim, se pensarmos em algum gênio artístico ou científico, os primeiros nomes que nos virão à mente serão os daqueles cuja vida trágica contribuiu para sua fama. De repente, acreditaremos que genialidade é sinônimo de tragédia e deixaremos passar os nomes de todos aqueles gênios cuja vida mais cotidiana não ocupou as manchetes.

Como sociedade, é fundamental reconhecer a importância das doenças mentais em vez de gerar tabus em torno delas. À medida que se normalizar falar das psicopatologias como se fala de qualquer outra doença, os indivíduos afetados serão mais bem compreendidos e contarão com apoio para seus tratamentos. Parece inevitável qualificar como loucura tudo aquilo que não entendemos. Não foi a razão dessas pessoas que falhou, e sim a nossa.

Borges, falando sobre sua cegueira, afirmava que

> todo homem deve pensar que tudo o que lhe ocorre é um instrumento; todas as coisas lhe foram dadas para determinado fim — e isso tem de ser mais forte no caso de um artista. Tudo o que acontece a ele, inclusive as humilhações, as vergonhas, as desventuras, todas essas coisas lhe foram

> dadas como argila, como matéria-prima para sua arte; ele tem de aproveitá-las.[16]

A genialidade de artistas como Martín Ramírez, Dostoiévski, Van Gogh e todos os aqui apresentados reside no fato de que, apesar de suas condições físicas, mentais e materiais, foram capazes de transcender por meio de sua obra.

9.
Cérebro em chamas

Virginia Woolf, Sylvia Plath, Anne Sexton e o comportamento suicida

Só existe um problema filosófico
verdadeiramente sério: o suicídio.
Alberto Camus

A paixão pela destruição
também é uma paixão criativa.
Mikhail Bakunin

Vidas paralelas e o mito de Sísifo

Um chapéu e uma bengala jazem órfãos sobre um banco em frente ao rio Ouse. É abril de 1941 e os bombardeios que atingem a Grã-Bretanha não são capazes de aquecer as águas. Uma leve maré acaricia um casaco de pele nas profundezas do rio. Os bolsos são como duas âncoras feitas de pedra, e se passarão algumas semanas até que a polícia encontre os restos do naufrágio. A apenas um quilômetro dali, em uma casa de madeira do século XVI na vila de Rodmell, Leonard Woolf — que teve de abandonar Londres quando uma bomba pulverizou sua casa — salpica com lágrimas a carta que sua esposa, a escritora Virginia Woolf, lhe deixou: "Querido. Acho que vou enlouquecer de novo. Sinto que não conseguiremos passar por outro daqueles tempos horríveis. E desta vez não me recuperarei. Começo a ouvir vozes e não consigo me concentrar. Então, vou fazer o que acho que é melhor...".[1]

Vinte e dois anos depois, em uma casa vizinha à Chalcot Square de uma Londres reconstruída, um prato com pão e manteiga e dois copos de leite esperam que duas crianças acordem. Os panos molhados que selam a porta por fora impedem que o som da campainha e o cheiro de gás se infiltrem no quarto. Dois operários forçam a fechadura da porta principal e encontram a escritora americana Sylvia Plath, com apenas trinta anos, caída na cozinha. Metade de sua cabeça repousa dentro do forno com o gás aberto, e uma nota se enrosca entre seus dedos: "Por favor, chamem o médico".[2]

Uma década mais tarde, dentro de uma garagem na cidade de Weston, Massachusetts, meio copo de vodca reverbera no ritmo de um motor ligado. O cheiro de combustível impregna as paredes, e no chão um vermelho-cereja dá uma falsa aparência de vitalidade ao corpo inerte de Anne Sexton, também poeta.

Virginia Woolf, Sylvia Plath e Anne Sexton têm em comum o fato de serem as maiores escritoras em língua inglesa do século XX — e de terem escolhido a hora da própria morte. Sua influência, que vai muito além da literatura, estende-se ao campo dos movimentos sociais, particularmente nas questões de gênero, sexualidade e empoderamento. Suas obras, que retratam a luta das mulheres em um sistema patriarcal, tornaram-se um estandarte do movimento feminista da segunda metade do século XX e permanecem, até hoje, como modelos de reivindicação e emancipação da mulher. No entanto, a aura trágica que envolve tanto a vida quanto a morte delas obscurece a apreciação de seus textos. É difícil lê-los sem um impulso detetivesco, tentando desenterrar entre as linhas algum aviso, alguma pista que esclareça seus motivos, como se, ao relê-las, pudéssemos evitar o desfecho. Terá sido o suicídio uma porta de escape da infelicidade, um último ato de resistência ou uma resposta psicobiológica? Seremos capazes de compreendê-lo, ou estarão certos os versos do poema de Sexton "Vontade de morrer"?

> No entanto, nada tenho contra a vida [...]
> Mas suicidas têm uma linguagem específica.
> Feito marceneiros, querem saber *quais ferramentas*.
> Nunca questionam a *mão de obra*.[3]

Em 1942, um ano depois que Woolf mergulhara no rio Ouse com os bolsos do casaco cheios de pedras, Albert Camus publicou *O mito de Sísifo* — um dos ensaios filosóficos mais importantes do século passado —, em que propõe o dilema existencial de nosso tempo: buscar sentido em um universo que carece dele.

Sísifo, um personagem astuto da mitologia grega, é castigado pelos deuses depois de enganar a morte em duas ocasiões. Na primeira, ele subjuga e acorrenta Tânatos — a personificação da morte sem violência —, o que faz com que, por um bom tempo, ninguém morra na Terra. Ciente de que os deuses não perdoariam tal afronta, Sísifo incita sua esposa Mérope a não oferecer sacrifício algum quando ele morrer. Assim que Ares — o filho de Zeus e deus da guerra — liberta Tânatos, leva consigo Sísifo ao mundo inferior. Uma vez lá, Sísifo diz a Hades que sua esposa não realizou as oferendas devidas e pede para retornar ao mundo dos vivos a fim de castigá-la. Hades consente, mas Sísifo nunca volta. Muitos anos depois, quando finalmente morre — já velho e de forma natural —, Zeus lhe impõe um castigo exemplar: condena-o a empurrar eternamente uma enorme rocha ladeira acima. Quando atinge o topo, a pedra inevitavelmente rola colina abaixo, e Sísifo deve descer para buscá-la e recomeçar a subida. Sísifo, o herói absurdo por excelência, está consciente da inutilidade de sua tarefa. Condenado à repetição eterna, sua existência se limita a calcar o presente. Para Camus, Sísifo não é diferente do homem pós-moderno, que se repete no cotidiano até a chegada da morte. Segundo Camus,

> construímos nossa vida com base na esperança do amanhã; no entanto, o amanhã nos aproxima da morte e é o inimigo final. As pessoas vivem como se não estivessem conscientes da certeza da morte. Uma vez despojado de seu romantismo habitual, o mundo se revela um lugar estranho, alheio e desumano; o verdadeiro conhecimento é impossível, e a racionalidade e a ciência não conseguem explicar o mundo: suas histórias terminam, no fim das contas, em abstrações sem sentido, em metáforas. Essa é a condição absurda e, a partir do momento em que se reconhece o absurdo, ele se torna uma paixão — a mais dilacerante de todas.[4]

O despropósito de uma vida absurda já seria suficiente para considerar o suicídio. Se não há sentido, nem inframundo nem supramundo, qual é a diferença entre hoje e daqui a cem anos?

Segundo a Organização Mundial da Saúde (OMS), mais de 700 mil pessoas se suicidam a cada ano, e os números estão aumentando. Embora os dados variem de país para país, estima-se que anualmente o suicídio seja responsável por entre dez e quinze mortes a cada 100 mil pessoas. Traçando analogias, quinze das pessoas que lotam o estádio Azteca em um domingo irão se suicidar este ano. Adolescentes e adultos jovens (entre quinze e 29 anos) representam 8,5% das mortes, o que faz do suicídio a segunda causa de morte mais comum entre esse grupo populacional em todo o mundo.

Estima-se que 90% das vítimas de suicídio apresentem ao menos um transtorno mental. Mais de 50% dos suicídios são cometidos por pessoas com depressão maior ou transtorno bipolar; e até 30% das que sofrem de depressão resistente ao tratamento tentam se suicidar pelo menos uma vez na vida. Outros fatores de risco incluem: esquizofrenia, estresse pós-traumático, anorexia, distúrbios do sono, personalidade antissocial, transtorno de personalidade limítrofe (borderline) ou abuso de substâncias. Por outro lado, apenas 5% dos pacientes psiquiátricos cometem suicídio.[5] À luz da psiquiatria moderna, por exemplo, foi proposto que Virginia Woolf sofria de transtorno bipolar, uma doença mental, como já comentamos, marcada por mudanças abruptas de humor — que vão da depressão à mania, e que se relaciona ao histórico psiquiátrico de sua família e aos abusos que sofreu na infância.[6]

De forma geral, o comportamento suicida é considerado como uma resposta desadaptativa ao estresse. O modelo diátese-estresse — a predisposição orgânica para desenvolver uma doença — sustenta que diversos estressores comprometem a estabilidade neurobiológica e psicológica e incitam esse comportamento. Uma situação crônica ou aguda de estresse, como a privação de necessidades, o isolamento social, a adversidade familiar, o abuso sexual, problemas escolares, profissionais ou financeiros, bem como uma experiência de perda ou luto, podem aumentar sua incidência.[7]

Woolf, que cresceu no seio de uma família inglesa privilegiada e liberal, sofreu abuso sexual por parte de seu meio-irmão, Gerald Duckworth, quando tinha apenas cinco ou seis anos. Na adolescência, outro meio-irmão, George Duckworth, também abusou dela. Como resultado, Woolf apresentou desde muito jovem sintomas de trauma infantil, como distanciamento emocional e repressão sexual, condição que ela transferiu para muitos de seus personagens. Sua irmã Vanessa Stephen, que também sofreu abusos por parte de George, contou ao dr. Savage, o médico da família, que o desculpou dizendo que ele apenas "estava confortando-a pela doença fatal do pai".[8] Os abusos continuaram até que Virginia Woolf pôde deixar a casa da família, aos 23 anos. Quatro meses antes de se lançar nas águas do rio Ouse, ela escreveu um ensaio autobiográfico intitulado *Um esboço do passado*, que só foi publicado após a morte do marido, no qual relata essas experiências:

> Havia uma laje logo na entrada da sala de jantar, para apoiar a louça. Certa vez, quando eu era bem pequena, Gerald Duckworth me colocou ali sentada e começou a explorar o meu corpo. Eu me lembro da sensação da mão dele enfiando-se por baixo das minhas roupas; descendo mais e mais, firme e continuamente. Eu me lembro de como eu torci para que ele parasse; de como eu enrijeci o corpo e de como me contorcia quando sua mão se aproximou das minhas partes íntimas. Mas ele não parou. Sua mão explorou também minhas partes íntimas. Eu me lembro do meu ressentimento, do meu desgosto — qual a palavra para um sentimento tão estupefato e complexo? Decerto foi um sentimento forte, se dele ainda me recordo.[9]

Ao longo da vida, Woolf experimentaria uma sucessão de traumas que resultariam em vários colapsos mentais. O primeiro, com apenas treze anos, foi desencadeado pela morte da mãe; seguido pelo falecimento de sua meia-irmã Stella dois anos mais tarde. Em 1904, com 22 anos e após a morte do pai, Woolf saltou pela janela da casa da família em Londres. Não sofreu ferimentos graves, mas foi internada por um breve período.[10] Seria a primeira de uma longa série de tentativas de suicídio.

De modo semelhante, a infância de Plath também foi marcada pela perda. Seu pai, um imigrante alemão de temperamento autoritário e professor de biologia na Universidade de Boston, morreu quando ela tinha apenas nove anos. Sua mãe, viúva e com um modesto trabalho como professora de escola, não deixava de mencionar os sacrifícios que tinha de fazer para que ela e seu irmão mais novo seguissem em frente.

De fora, sua vida parecia estar se encaminhando para o sucesso. Publicou seu primeiro poema aos oito anos e encheu a casa de prêmios e reconhecimentos. Mas, aos vinte anos, após uma rejeição em um curso de escrita na Universidade de Harvard e por sobrecarga de trabalho, Plath ingeriu cerca de quarenta pílulas para dormir e se escondeu no porão da casa. Quando a encontraram, dois dias depois, ela estava em coma, escondida atrás de algumas caixas. Foi levada para um hospital próximo, onde se salvou por milagre.

Apesar de lidar continuamente com períodos de instabilidade emocional, foi a aluna mais destacada do Smith College e obteve uma bolsa Fulbright para estudar em Cambridge. Lá, em uma festa, conheceu Ted Hughes, um poeta em ascensão com uma reputação crescente. Alguns meses depois, casou-se com ele, precisamente em 16 de junho de 1956, ou seja, o Bloomsday, evento que comemora o dia em que transcorre o romance *Ulysses*, de James Joyce. O casamento foi, em certa medida, um reflexo da dissonância afetiva que ela manteve com seu pai, uma relação de amor e ódio na qual o abuso emocional estava disfarçado pela admiração que sentia por ele.

Plath renunciou ao seu cargo como professora de literatura e à vida universitária. O que prometia ser uma grande carreira nas letras se transformou, em menos de um ano, em uma vida como dona de casa. O casal teve dois filhos e, sete meses depois de Plath sofrer um aborto espontâneo, Hughes começou a se relacionar com Assia Wevill. Em 1962, o casamento se desfez e Plath se mudou com os dois filhos para um apartamento próximo à Chalcot Square.

No que diz respeito à produção literária, aquele seria seu ano mais prolífico, tanto em quantidade quanto em conteúdo. Escreveu textos furiosos e dilacerantes que apenas o inverno, o mais frio dos últimos cem anos, conseguiu aplacar. Foi durante esse surto criativo, meses antes de seu suicídio, que Plath escreveu "Paizinho", um dos poemas fundamentais de sua obra. Nele, expressa como a sombra de seu pai se estendeu a cada canto de sua vida e seu desejo de matá-lo. Um espelho que, além de qualquer teoria freudiana, revela as feridas da opressão patriarcal.

> Já não te aturo, já não te aturo,
> Sapato espúrio,
> No qual vivi feito pé em apuro,
> Pálida e pobre, por trinta anos,
> Até para respirar era duro.

Plath consome o parricídio — ao menos com sua caneta — para se libertar do homem que a gerou, do homem com quem se casou e dos homens que fizeram da mulher uma nota de rodapé na história:

> Paizinho, eu devia ter te matado, juro,
> Mas você partiu antes da hora. [...]
>
> No seu coração preto e volumoso há uma estaca.
> Os aldeões nunca gostaram de você.
> Eles dançam e pisam em você. [...].
> Paizinho, seu desgraçado, agora acabou.[11]

Plath não chegou a ver a primavera de 1963, e muito poucos obituários anunciaram sua morte. Seria sua obra póstuma a verdadeira anunciadora de sua partida. "Paizinho" e os outros poemas que escreveu nos últimos meses de vida foram compilados por Ted Hughes, que adquiriu os direitos de sua obra, e publicados no livro *Ariel*. Apesar de Hughes ter se encarregado de reunir sua obra nos anos seguintes, ele destruiu o último volume dos diários de Plath para se proteger.

Os jornais da época não a reconheceram, mas outra escritora estadunidense, Anne Sexton, escreveu um poema poucos dias depois que supera qualquer necrológio. Elas tinham se conhecido em 1959, em um seminário de poesia na Universidade de Boston, e estabeleceram uma amizade tão profunda quanto sua rivalidade,[12] tanto que Sexton, na época a poeta mais destacada do grupo, nunca perdoou Plath por morrer primeiro:

> Ladra!
> Como foi que rastejou,
>
> rastejou sozinha
> para a morte há tanto desejada e minha,
>
> a morte que combináramos superada,
> carregada em nossos peitos magros,
>
> [...]
>
> Só tenho uma coisa a dizer
> com os braços abertos, mas petrificada,
>
> sua morte é o que mais, além
> de uma velha conhecida,
>
> uma toupeira que caiu
> de um de seus poemas?[13]

Sexton nasceu em 1928 em uma família de classe média de Boston. Ao contrário de Woolf e Plath, começou sua carreira literária relativamente tarde. Casou-se com apenas dezenove anos e não pôde concluir seus estudos universitários. Sofreu seu primeiro episódio depressivo em 1954, aos 26 anos, e após um segundo episódio severo, pouco tempo depois do nascimento de sua segunda filha, decidiu se tratar com o psiquiatra Martin Orne, que lhe recomendou escrever como parte da terapia.

Sem educação formal prévia, assistiu às oficinas de poesia ministradas por John Holmes. Embora suas qualidades como poeta tenham sido rapidamente reconhecidas, sua baixa autoestima e seus constantes colapsos nervosos impediram que publicasse muitos de seus manuscritos. Celebrada como uma poeta confessional, sua obra explora temas — na época escandalosos — como a sexualidade feminina, a violência doméstica e a doença mental. Em sua poesia, denuncia a opressão sistemática das mulheres e a compara à caça às bruxas, com as quais não teme se identificar, porque "mulher assim é rejeitada [...]/ mulher assim a morte não governa".[14]

Assim como Woolf, sofreu abusos quando criança por parte de um velho amigo da família e foi diagnosticada com depressão maníaca, hoje denominada transtorno bipolar. Em 1974, depois de se separar do marido e perder a guarda de sua terceira filha, trancou-se na garagem com um copo cheio de vodca e ligou o carro. Morreu intoxicada pelo dióxido de carbono.[15] Por sua própria vontade, seu livro *The Awful Rowing Toward God* não foi publicado até após sua morte.

> [...]
> mas haverá uma porta
> eu a abrirei
> e me livrarei do rato que carrego em mim,
> um roedor pestilento.
> Deus o pegará com as duas mãos
> e o abraçará.
> [...]

›

esta é a história que acabei de te contar,
se foi boa, se não foi boa,
passe adiante para que volte para mim.
Esta história termina comigo ainda remando.[16]

Os rastros da fogueira: Marcadores biológicos da depressão

Na prática clínica, existem diversas escalas para avaliar o risco de suicídio em uma pessoa. Essas escalas são, no entanto, insuficientes para prever se alguém tentará se suicidar. Até hoje, o indicador mais confiável é uma tentativa anterior.

As três escritoras tentaram tirar a própria vida em diversas ocasiões. No caso de Woolf, por exemplo, há pelo menos duas tentativas anteriores de suicídio documentadas.[17] Dias antes de se afogar no rio, Leonard viu Virginia Woolf entrar em casa, encharcada. Ela o tranquilizou dizendo que havia caído em uma vala com água durante o passeio, e então se trancou no banheiro. Sexton, por sua vez, tentou tirar a vida pelo menos dez vezes. Para Plath, cada tentativa de suicídio tinha uma aura ritualística, como uma cerimônia de iniciação ou, melhor dizendo, de renovação.

Eu fiz outra vez.
Um ano a cada dez
Repito o feito —

Tipo um milagre encarnado
[...]

Só tenho trinta anos.
E, assim como um gato, sete vidas para viver.
Essa é a Terceira.

> [...]
>
> Na primeira vez que aconteceu
> Eu tinha dez anos. Foi acidental.
>
> Na segunda foi proposital,
> Queria apagar e nunca mais voltar.

Esse foi seu último ritual de renascimento, porque a tentativa de suicídio seguinte — naquele mesmo ano — foi fatal:

> Morrer
> É uma arte, como tudo.
> É algo que conheço a fundo.
> [...]
> Dizem que tenho o dom.[18]

Para encontrar marcadores mais precisos, é indispensável entender os mecanismos neurobiológicos que levam à depressão e ao suicídio. A hipótese mais aceita, há mais de sessenta anos, é a de um desequilíbrio bioquímico no cérebro. As monoaminas, que incluem neurotransmissores como a serotonina, a norepinefrina e a dopamina, são as moléculas que as células nervosas usam para se comunicar entre si. Considerando que níveis baixos desses neurotransmissores estão associados à depressão, a terapia farmacológica se concentra em elevá-los.

Os primeiros medicamentos antidepressivos chegaram ao mercado no final dos anos 1950 e, desde então, foram desenvolvidos vários tipos, como os inibidores seletivos da recaptação de serotonina (ISRS), os inibidores da recaptação de serotonina e norepinefrina (IRSN), os antidepressivos tricíclicos ou os inibidores da monoamina oxidase (IMAO), entre outros.

Todos atuam de maneira diferente na bioquímica do cérebro, mas compartilham a intenção de restabelecer seu equilíbrio.

Apesar de esses medicamentos representarem um avanço significativo na saúde mental, eles estão longe de resolver a causa primária da depressão e muito mais distantes de prevenir suicídios. Isso levou alguns pesquisadores a pensarem que o desequilíbrio dos neurotransmissores pode ser, na verdade, consequência de um problema mais sério. Uma observação que, por ser tão evidente, não foi considerada durante décadas, mas que mudou nossa compreensão: as pessoas que sofrem de uma doença mental são mais propensas a se deprimirem.

Seria possível argumentar que qualquer pessoa que saiba estar doente, especialmente se for uma doença crônica, sentirá tristeza diante do panorama de sua vida. No entanto, a mudança de paradigma não vem de um fato tão óbvio, mas sim de sua interpretação. Quando adoecemos, entramos em um estado de letargia e melancolia que tem pouco a ver com o efeito psicológico de saber que não estamos bem. Trata-se de uma resposta fisiológica mediada pelos mecanismos de inflamação. De um ponto de vista evolutivo, esse comportamento garante o descanso e o tempo de recuperação.[19] Um estado crônico de inflamação, orquestrado pelo sistema imunológico, poderia alterar os circuitos neurais e causar depressão.

Até 50% das pessoas com uma doença autoimune, como artrite reumatoide, diabetes mellitus tipo 1 ou lúpus, apresentam sintomas de depressão.[20] Essas doenças são causadas por uma reação do corpo em que o sistema imunológico produz células de defesa que reconhecem componentes próprios como estranhos. Isso gera uma resposta inflamatória generalizada que pode desgastar as articulações (artrite reumatoide), as células produtoras de insulina no pâncreas (diabetes tipo 1) ou outros tecidos como a pele, os pulmões ou os rins (lúpus eritematoso). A teoria da neuroinflamação propõe que os efeitos inflamatórios dessas doenças, mais do que seus sintomas ou o impacto psicológico, são os responsáveis pela depressão.

Qual é, então, o papel do sistema imunológico em pessoas aparentemente saudáveis que sofrem de depressão? Quando um agente potencialmente perigoso, como um vírus ou bactéria, é reconhecido, o corpo produz uma resposta de defesa. Primeiro de maneira local, mediada por células de defesa como os macrófagos, que atacam diretamente enquanto alertam o restante do sistema imunológico. Quando os macrófagos são expostos a um estímulo inflamatório, que pode ser qualquer estressor, incluindo um trauma psicológico, eles secretam moléculas — como as citocinas, o fator de necrose tumoral (TNF) e as interleucinas (IL-1, IL-6, IL-12) — que se difundem através da corrente sanguínea e desencadeiam uma resposta imune generalizada. Isso estimula a produção de hormônios e outras moléculas, como a proteína C reativa (PCR), que, na prática clínica, servem como marcadores de inflamação.[21] Assim, uma resposta crônica ou desproporcional pode alterar o funcionamento de vários órgãos, incluindo o cérebro.

Um estudo realizado entre 1992 e 2014 mostrou níveis mais elevados de citocinas e PCR no sangue de pessoas com depressão em comparação com indivíduos saudáveis.[22] Por outro lado, as condições materiais de cada pessoa influenciam o sistema imunológico e, consequentemente, seu estado inflamatório. Um estudo epidemiológico realizado na Nova Zelândia seguiu o desenvolvimento de 1037 crianças na cidade de Dunedin, onde a incidência de inflamação, depressão e obesidade era o dobro em adultos que haviam sofrido pobreza, isolamento ou abuso na infância.[23] Mais do que uma relação linear entre estresse, inflamação e depressão, trata-se de um círculo vicioso. Quanto maior a exposição ao estresse na infância, como abuso infantil ou abandono, maior será a tendência natural do corpo a produzir uma resposta inflamatória diante de qualquer estressor na vida adulta. A inflamação pode causar mudanças na bioquímica do cérebro e gerar depressão, enquanto seu diagnóstico — somado às implicações sociais — pode provocar mais estresse no futuro, e assim ad infinitum. Sob essa ótica, entende-se como a vida de Woolf, Plath e Sexton ressoam em muitos aspectos.

As moléculas derivadas desse processo podem servir como marcadores biológicos para avaliar a depressão e o risco de suicídio. Além disso, as mesmas proteínas que funcionam como mensageiras da inflamação ativam o eixo que modula nossa resposta ao estresse. Os níveis de cortisol são elevados na saliva e no sangue de pessoas que já tentaram o suicídio. O estímulo inflamatório também ativa a via metabólica da quinurenina e leva à diminuição de serotonina e melatonina. Níveis baixos de serotonina estão associados a agressividade, impulsividade e depressão; enquanto os baixos níveis de melatonina estão relacionados aos distúrbios do sono. A diminuição do metabólito da serotonina no líquido cefalorraquidiano, a substância que flui dentro e ao redor do cérebro e da medula espinhal, está correlacionada com a letalidade da tentativa de suicídio e pode prever tentativas futuras, bem como sua probabilidade de sucesso. Essa via metabólica também aumenta a produção de glutamato, um neurotransmissor que, em excesso, resulta tóxico para o sistema nervoso central e diminui os níveis do fator neurotrófico derivado do cérebro (BDNF), o que limita a reorganização das conexões neuronais (neuroplasticidade) e causa déficits cognitivos. Outros marcadores inflamatórios que se encontram elevados em indivíduos com depressão incluem as interleucinas e diversas enzimas inflamatórias, como a PCR. A teoria da neuroinflamação, tanto no que se refere ao comportamento suicida quanto à depressão, se vê respaldada por pesquisas realizadas com medicamentos anti-inflamatórios não esteroides (AINEs) como ibuprofeno, naproxeno, celecoxibe ou aspirina. Um estudo com AINEs em pacientes com depressão maior aumentou a eficácia do tratamento com antidepressivos.[24]

Macroscopicamente, também há mudanças observáveis no cérebro.[25] O córtex frontal e pré-frontal desempenha um papel essencial no comportamento suicida, já que está envolvido na cognição, na tomada de decisões, na avaliação de riscos e na supressão de impulsos. Pessoas com tentativas de suicídio anteriores mostram padrões de ativação alterados nessas áreas. E o córtex cingulado anterior, responsável pela autopercepção negativa e pelo processamento de estímulos emocionais, também se vê alterado em estudos de imagem por ressonância magnética funcional (fMRI).

A centelha e suas cinzas: O papel dos genes

O consenso científico relaciona o comportamento suicida com a combinação de fatores genéticos, psicológicos e ambientais. Estudos com gêmeos atribuem a esse comportamento entre 30% e 55% de herdabilidade. Outros estudos mencionam variantes poligênicas, assim como de loci específicos (lugares pontuais) em genes que regulam o ciclo circadiano e o metabolismo de certos aminoácidos. Na história familiar das três escritoras surgem padrões que as conectam, parentes próximos que sofreram de alguma doença mental ou que também tiraram a própria vida.

No caso de Woolf, por exemplo, as doenças mentais permeiam tanto sua história familiar quanto sua própria vida. Seu avô paterno, James Stephen, foi institucionalizado depois de andar nu por Cambridge e morreu em um asilo. De sua mãe, Julia Stephen, ela herdaria não só seu ativismo social e o gosto pela escrita, mas também sua melancolia. Seu pai, Leslie Stephen, crítico literário e também ativista, foi diagnosticado com neurastenia (*neuro*, "nervo", *asthenes*, "debilidade"), um transtorno muito popular entre o fim do século XIX e início do século XX, que consiste em uma fadiga inexplicável após esforço físico ou mental. Em retrospecto, seu pai sofria de ciclotimia, uma forma leve de transtorno bipolar. Sua irmã, Vanessa Bell, mergulhou em uma depressão profunda depois de perder um filho durante a gravidez. Sua meia-irmã, Laura Makepeace Stephen, passou a maior parte da vida no Priory Hospital Southgate, em Londres, devido a um surto psicótico. Seu primo, o também escritor James Kenneth Stephen, desenvolveu um transtorno maníaco de agressividade pelo qual teve de ser internado até o fim de seus dias.

Por sua vez, as duas irmãs de Sexton sofreram de depressão e, como ela, tiraram a própria vida.

Nicholas Hughes, filho de Sylvia Plath e Ted Hughes, se enforcou em sua casa no Alasca em 2009. Ele tinha apenas um ano quando a mãe o deitou na cama e selou as portas do quarto antes de descer para a cozinha e tirar a própria vida. Ele não soube das circunstâncias da morte da mãe até a adolescência.[26] Quase como uma premonição, Plath lhe dedicou um de seus últimos poemas, "Nick e o castiçal", em que a única herança para o filho é sua dor:

> Meu amor, como você veio parar aqui?
> Ó embrião
> Que se lembra, mesmo dormindo,
> Da posição atravessada.
> O sangue brota imaculado
> Em você, rubi. A dor
> Que te acorda não é sua.[27]

Um estudo genético de mais de 130 mil pessoas com depressão, comparado com o de 330 mil indivíduos sem ela, encontrou pelo menos 44 genes associados a essa doença.[28] A maioria controla o desenvolvimento do sistema nervoso central, os mecanismos de neuroplasticidade e os sistemas de neurotransmissores. No entanto, muitos desses genes também regulam o sistema imunitário. Um dos mais significativos é o da olfactomedina 4, que medeia a resposta inflamatória do intestino. Embora possa ser benéfico para combater bactérias estomacais e evitar úlceras, os indivíduos com uma mutação nesse gene são mais propensos a sofrer de depressão.[29]

Esse tipo de estudo, além de respaldar a teoria da neuroinflamação, abre novas portas no entendimento das doenças mentais. Depois de revisar a sequência genômica de mais de 37 mil pacientes com esquizofrenia, foram encontrados 320 genes que aumentavam o risco de padecer dela. O mais relevante foi o gene C4, que produz proteínas inflamatórias. Mais do que um único gene, é a interação entre diferentes variantes de genes que determina o risco de desenvolver uma doença mental. Até agora, o risco acumulativo continua sendo modesto, por isso deve haver muitos outros fatores que desconhecemos e que poderiam desempenhar um papel importante em outras doenças neurodegenerativas como o Alzheimer ou o Parkinson.

A brecha cartesiana que divide a mente do corpo e que desde o início causou uma ruptura entre a psiquiatria e outras áreas da medicina finalmente está sendo fechada. Um exemplo disso é a neuropsiquiatria, um ramo que une novamente a neurologia à psiquiatria e que entende todas as doenças mentais como processos orgânicos que ocorrem no cérebro.

Até algumas décadas atrás, os pavilhões psiquiátricos estavam cheios de indivíduos que desenvolviam "esquizofrenia tardia". Levando em conta que a esquizofrenia se manifesta comumente durante a adolescência, era estranho que adultos mais velhos sofressem de psicose. Um neurologista, James Brierley, postulou na década de 1960 que pacientes com câncer podiam apresentar uma inflamação cerebral (encefalite) e desenvolver sintomas psiquiátricos. Hoje sabemos que existe uma reação cruzada entre componentes das células cancerígenas e o sistema imunológico, em que são produzidos anticorpos que atacam os receptores de neurotransmissores no cérebro. Considerada hoje uma doença autoimune, a encefalite límbica não é exclusiva do câncer; ela pode ocorrer em qualquer idade, após uma infecção viral ou como consequência de doenças reumatológicas. Assim, estima-se que até 5% das psicoses sejam causadas por essa doença, que é tratável com medicamentos que suprimem a resposta imune, como os esteroides.

As doenças mentais não podem ser explicadas por uma única teoria, e a neuroinflamação é apenas um dos muitos elementos que as compõem. No futuro, o tratamento anti-inflamatório será complementado com os medicamentos antidepressivos existentes e serão desenvolvidas terapias individualizadas de acordo com os fatores biológicos de cada paciente. Mais do que uma consequência da pós-modernidade ou o preço de uma mente brilhante, são os fatores biopsicossociais que predispõem à depressão e ao comportamento suicida.

Em seu ensaio, Albert Camus é relutante em sentir pena de Sísifo: "Esse universo, doravante sem dono, não lhe parece estéril nem fútil. [...] A própria luta para chegar ao cume basta para encher o coração de um homem. É preciso imaginar Sísifo feliz". Mesmo em um universo absurdo, onde as circunstâncias internas e externas que nos moldam parecem regidas pelo acaso, há uma centelha de esperança: a morte, como escreveu Benedetti, é apenas um sintoma de que houve vida. Talvez seja por isso que as últimas palavras que Woolf escreveu em sua carta de suicídio foram palavras de amor: "Quero dizer, embora todo mundo saiba. Se alguém pudesse me salvar, só poderia ter sido você. Tudo se foi de mim, exceto a certeza da sua bondade... Não acho que duas pessoas possam ser mais felizes do que nós fomos. V.".[30]

Da mesma forma, tanto a obra de Plath quanto a de Sexton estão cheias de vitalidade e desejo de vida. Mesmo na hora mais escura, ambas brilham com luz rebelde. Em "Limite" — um poema que Plath escreveu nos últimos dias de vida —, ela aceita com coragem a condenação dos deuses e se observa próxima do ponto-final. Seja ou não uma referência a Sísifo, é um poema de paz e de feliz resignação.

A mulher está completa.
Morto,

Seu corpo traz um sorriso de êxito,
O ideal de uma exigência grega

Transborda das dobras de sua toga.
Os pés

Descalços parecem dizer:
Viemos até aqui, chegou o fim. [...]

A lua não tem motivos para ficar triste
Espiando do alto de seu capuz de osso.

Está acostumada a essas coisas.
Seu lado escuro se parte e se arrasta.[31]

O sorriso é a única forma de resistência, o corpo fechou suas cicatrizes. Sem se importar com o peso da rocha, as três escritoras sempre encontraram o topo. Que seja agora nossa tarefa continuar empurrando.

10.
A sombra da memória
Borges, Shereshevsky e o brilho de uma mente sem lembranças

É curioso: você vive e aprende.
Eu vivo e você aprende.

Henry Gustav Molaison

Somos nossa memória,
somos esse museu quimérico de formas
[inconstantes,
esse amontoado de espelhos quebrados.

Jorge Luis Borges

Mnemósine e a persistência da memória

"Amor constante para além da morte", de Francisco de Quevedo, é um dos sonetos mais brilhantes do Século de Ouro espanhol. Sua beleza lírica, assim como a profundidade de suas imagens, fazem dele — quase quatrocentos anos após sua publicação — um dos poemas de amor mais extraordinários escritos em qualquer língua. Nesse poema, Quevedo imagina o que virá depois que a morte fechar seus olhos definitivamente e liberar sua alma da prisão da carne. A emancipação, no entanto, leva consigo o alto preço de uma lei imposta pelos deuses: todas as almas que entrarem no inferno de Hades devem beber do rio Lete — o rio do esquecimento — para apagar a memória de sua existência terrena. Desafiador, ele se opõe a cumprir a lei que lhe tirará a lembrança de sua amada; ainda que sua alma tenha que nadar nas águas frias, lutará como uma chama relutante a se apagar. Em versos intercalados, admite que sua "alma a quem todo um deus prisão tem sido" deixará seu corpo, mas "não seu cuidado". Suas veias, "que humor a tanto fogo hão dado, serão cinza, mas terá sentido", porque suas "medulas que hão gloriosamente ardido", "serão pó, mas pó enamorado".[1]

As águas do rio Lete banharam a literatura universal desde a *República* de Platão até a *Divina comédia* de Dante Alighieri. Por suas margens passeiam versos de poetas como Shakespeare, Baudelaire, Ginsberg e Keats. A existência de um rio cujas águas provocam o esquecimento, no entanto, pressupõe a existência de sua contraparte. Serpenteando também o inferno de Hades, o rio Mnemósine — de menor fama — devolve as lembranças àquele que bebe dele. Dois rios antagônicos representam as duas faces de uma mesma moeda: a memória e o esquecimento.

Na mitologia grega, Mnemósine é — segundo Hesíodo — uma das titânides que precederam os deuses olímpicos. Filha de Urano (deus do céu) e Gaia (deusa da terra), é também considerada a deusa da memória (*mneme*, "lembrança"). De sua união com Zeus — durante nove dias consecutivos — nasceram as nove musas gregas: Calíope (poesia épica), Clio (história), Euterpe (música), Erato (poesia lírica), Melpômene (tragédia), Polímnia (retórica), Terpsícore (dança), Talia (comédia) e Urânia (astronomia). Considerada um objeto de culto menor na antiga Grécia, reis e poetas recebiam de Mnemósine os poderes da palavra para exercer sua autoridade. No santuário de Dionísio, em Atenas, edificou-se uma estátua dela, e em outros centros foi venerada junto com Asclépio, o deus da medicina.

Admirada ao longo da história, são numerosos os contos com personagens de memória prodigiosa.[2] Em sua *Naturalis Historia*, uma espécie de enciclopédia composta de 37 livros que pretendem abranger tudo — desde a geografia e a ciência até a agricultura e as espécies de insetos da Roma antiga —, Plínio, o Velho, dedica um capítulo à memória. "Quanto à memória, o maior dom da natureza e o mais necessário para esta vida, é difícil julgar e decidir quem de todos merece sua máxima honra: considerando quantos homens se destacaram e ganharam muita glória em seu nome."[3] Segundo Plínio — que morreu durante a erupção do Vesúvio e não pôde terminar sua obra monumental —, o rei persa Ciro II, o Grande, sabia o nome de cada um de seus vários milhares de soldados. Lúcio Cipião, um cônsul romano, memorizou o nome de todos os cidadãos de Roma. O rei do Ponto, Mitrídates VI — um dos inimigos mais formidáveis do Império Romano —, conhecia as 22 línguas faladas em seu reino e nunca precisou de intérpretes quando fazia campanha nas províncias. A memória de Metrodoro, outro grande inimigo romano, foi celebrada por muitos como um presente divino. Carmides, que ensinou retórica na Academia de Atenas, podia recitar de memória, palavra por palavra, todos os livros da grande biblioteca. Simônides de Ceos inventou a arte da lembrança: a mnemotecnia (*mnemon*, "lembrar"; *tékne*, "arte"). Plínio também relata a fragilidade da memória e adverte que ela pode ser perdida devido a uma doença, lesão ou ataque de pânico. Usa como exemplo um homem que, após bater a cabeça contra uma pedra, perdeu a capacidade de nomear objetos; e outro que, depois de cair de um telhado, esqueceu o nome de seus mais próximos.

As anedotas de Plínio, o Velho, são resgatadas em um dos contos mais memoráveis do escritor argentino Jorge Luis Borges: "Funes, o memorioso". Publicado em 1942, relata a história de Ireneo Funes, um adolescente uruguaio de classe média baixa que, depois de cair de um cavalo e bater a cabeça, desenvolve uma memória extraordinária. Imobilizado pelas sequelas da queda, dedica seus dias a olhar de sua cama uma teia de aranha. O narrador não entende, em um primeiro momento, a mudança profunda que se operou em Funes.

> Levava a soberba até o ponto de simular que teria sido benéfico o golpe que o fulminara... Duas vezes o vi atrás da grade, que toscamente repisava sua condição de eterno prisioneiro: uma, imóvel, com olhos fechados; a outra, imóvel também, absorto na contemplação de um cheiroso galho de santonina.[4]

Com assombro, o narrador descobre que o jovem *gaucho* substituiu a paralisia física pela proeza evocativa. Para Funes, bastam um volume de *Naturalis Historia* e um dicionário para aprender latim; mas seu dom não se limita à conquista de línguas mortas.

> Nós, num relance, percebemos três copos numa mesa; Funes, todos os brotos e cachos e frutos que uma parreira possa conter. Sabia as formas das nuvens austrais do amanhecer do dia 30 de abril de 1882 e podia compará-las na lembrança com os veios de um livro em papel espanhol que ele havia olhado uma única vez e com as linhas de espuma que um remo levantou no rio Negro na véspera da Batalha de Quebracho.

Mais do que um conto, o relato de Borges é uma disquisição sobre os artifícios da memória e sobre a insuspeitada virtude do esquecimento. Em um exercício tipicamente borgeano, o autor leva ao limite as consequências de uma memória infalível. Funes, que se abstém de reconstruir com a memória um dia inteiro porque a tarefa exige outro dia completo, fica paralisado — em corpo e mente — diante de um mundo abarrotado de detalhes: "Eu sozinho tenho mais lembranças que terão tido todos os homens desde que o mundo é mundo. [...] Minha memória, senhor, é como um monte de lixo". Uma ideia, uma abstração, requer — segundo Borges — a omissão de particularidades. A palavra "cachorro" nega as diferenças entre tamanhos e formas. Não pode ser o mesmo um cachorro visto de perfil e um visto de frente, ou visto às três e catorze ou às três e quinze, a menos que esqueçamos suas peculiaridades. Funes, portanto, é incapaz de pensar. "Pensar é esquecer diferenças, é generalizar, abstrair. No mundo entulhado de Funes não havia senão detalhes, quase imediatos."

Prisioneiro de sua memória, Funes passa seus últimos dias contemplando as rachaduras que crescem — para nós imperceptíveis — na parede.

> Era o solitário e lúcido espectador de um mundo multiforme, instantâneo e quase intoleravelmente preciso. [...] ninguém, em suas torres populosas ou em suas urgentes avenidas, sentiu o calor e a pressão de uma realidade tão inexaurível como a que noite e dia convergia sobre o infeliz Ireneo, em seu pobre arrabalde sul-americano.

"Funes, o memorioso" é o testemunho de que, nas palavras de Oscar Wilde, "a vida imita a arte".

Em 1968, mais de 25 anos depois do relato de Borges, Alexander Románovich Luria, pai da neuropsicologia moderna, publicou seu livro *La mente de un mnemonista* [A mente de um mnemônico], o relatório sobre um paciente cuja memória "não distinguia limites".[5] Durante mais de trinta anos, Luria estudou o caso de Solomon Shereshevsky ("sujeito S." no livro para proteger sua identidade), que tinha uma memória infinita.

> Shereshevsky provavelmente possui a memória mais forte de todos os homens, podendo lembrar facilmente qualquer

número de palavras e dígitos com a mesma facilidade com que memoriza páginas inteiras de livros sobre qualquer assunto e em qualquer idioma durante um bom tempo. Shereshevsky pode citar com precisão qualquer coisa que lhe disseram há dez ou doze anos. A tudo que ouve ou vê, ele reage simultaneamente com todos os seus sentidos. Para ele, qualquer som ou objeto tem sua própria cor, temperatura, peso, forma etc.[6]

Shereshevsky nasceu no seio de uma família judaica em 1896, em uma aldeia a poucos quilômetros ao norte de Moscou. Seus pais possuíam uma memória invejável: a mãe era capaz de recitar passagens inteiras da Torá, uma trivialidade comparada à condição de Shereshevsky.

Tendo sua carreira como violinista truncada devido a uma doença no ouvido, trabalhou como repórter em um jornal da capital. Seus colegas, maravilhados porque ele nunca levava um caderno de anotações para cobrir as notícias, relataram suas habilidades ao editor do jornal, que sugeriu que ele realizasse testes psicológicos. Foi então que conheceu o jovem neuropsicólogo com quem manteria contato ao longo da vida.

Luria fez testes exaustivos com a esperança de desvendar os mecanismos da memória de Shereshevsky. Observou, por exemplo, que ele possuía uma versão extrema de sinestesia, a sinestesia quíntupla, pela qual a estimulação de um dos sentidos ativava todos os outros. "Ao ouvi-lo", detalhou Shereshevsky sobre um dos psicólogos que o examinavam, "era como se uma chama da qual saíam fibras avançasse em minha direção. Fiquei tão interessado em sua voz que não conseguia acompanhar o que ele dizia."[7] Ele também se beneficiava do método de loci ou palácio da memória, uma mnemotécnica descrita por Cícero no século I a.C. e que remonta aos antigos gregos, consistindo em visualizar um espaço — geralmente um ambiente familiar — onde são armazenados os conceitos que se deseja lembrar.

As pesquisas de Luria o elevariam a ser um dos psicólogos mais importantes de sua época. Polímata por natureza, suas contribuições sobre a mente humana são inumeráveis. Nem a Segunda Guerra Mundial nem a subsequente Guerra Fria apagaram o reconhecimento de seus colegas ao redor do mundo. Além disso, dedicou sua vida à defesa dos povos indígenas em todo o planeta. Durante as infames décadas de racismo científico da primeira metade do século XX, negou a existência de diferenças cognitivas entre os humanos de diferentes raças. Foi pioneiro na neuropsicologia infantil e propôs terapias de reabilitação para crianças com problemas de desenvolvimento. Ao morrer, uma multidão de psicólogos, professores, médicos, pacientes, amigos e estudantes foram se despedir dele.

A vida de Shereshevsky, paralela à de Funes, tomou um rumo menos brilhante. Ele trabalhou como repórter, corretor de valores, ator, vendedor de ervas e até taxista. Seu trabalho mais estável, no entanto, foi o de artista itinerante. Oferecia pequenos espetáculos nos quais memorizava nomes, números e textos a pedido da plateia. Mas fora do palco, era impossível para ele diferenciar a informação relevante da irrelevante, tinha dificuldades para reconhecer rostos e se distraía facilmente com a enxurrada de sensações que o invadiam.

> Quando estou no bonde, percebo o ruído metálico nos meus dentes. Então, uma vez fui comprar sorvete achando que me sentaria para comê-lo e não sentiria mais esse tilintar. Aproximei-me da vendedora e perguntei que tipo de sorvete ela tinha. “Sorvete de frutas”, ela me disse. Mas respondeu de tal maneira que um monte de brasas, de cinzas pretas, saiu da sua boca, e não me atrevi a voltar a comprar sorvete desde que ela respondeu daquele jeito… Outra

> coisa: se leio enquanto como, tenho dificuldades para entender o que leio, o sabor da comida sufoca o sentido.[8]

Assim como Funes, o mundo abarrotado de detalhes acabaria consumindo-o. "É difícil dizer o que era mais real para ele: se o mundo da imaginação em que vivia ou o mundo da realidade no qual ele não era mais do que um hóspede temporário", escreveu Luria em seu relatório.[9]

O palácio das memórias

Tanto Shereshevsky quanto o fictício Funes sofriam de hipertimesia ou hipermnésia, uma condição caracterizada por um aumento — em geral indesejado — na evocação de memórias. Embora os relatos sejam escassos, essa síndrome tem sido associada a certos transtornos psiquiátricos, como a esquizofrenia, e transtornos do neurodesenvolvimento, como os transtornos do espectro autista. Um exemplo notável é a síndrome de Savant (ver capítulo 7), na qual uma pessoa com deficiência mental se destaca em habilidades como memória, cálculo matemático, processamento visuoespacial ou composição musical.

No entanto, o que é exatamente a memória? Trata-se da faculdade mental de codificar, armazenar e recuperar informações.[10] Podemos dizer que ela se divide em duas categorias: memória de curto prazo e memória de longo prazo. A primeira, às vezes conhecida como memória operativa ou de trabalho, implica o armazenamento — limitado — e a manipulação da informação imediata. Ou seja, nos permite manter a atenção em nossas tarefas, resolver problemas e usar a linguagem. Anatomicamente, está ligada aos lobos frontal e parietal do cérebro.

A memória de longo prazo, por outro lado, armazena informações quase ilimitadas por extensos períodos de tempo.

Ela é ainda subdividida em memória não declarativa ou implícita e memória declarativa ou explícita.[11] A primeira nos permite — por meio da prática e da repetição — adquirir habilidades motoras e hábitos de forma inconsciente e automática. Facilita atividades como tocar piano, abotoar uma camisa ou andar de bicicleta. A segunda se ramifica de novo em episódica (as memórias de nossas experiências pessoais, como fatos autobiográficos, lugares e pessoas) e semântica (conserva o significado das palavras, dos conceitos abstratos e do conhecimento geral).

Em termos gerais, a memória de longo prazo é armazenada principalmente em um grupo de estruturas que compõem o sistema límbico (amígdala, hipocampo, corpos mamilares do hipotálamo e fórnice) e no lobo temporal.[12] De todas essas estruturas, o hipocampo é a mais relevante. Do grego *hippo* ("cavalo") e *kampe* ("sinuosidade"), seu nome vem, devido à semelhança de formato, de uma criatura também descrita por Plínio, o Velho, em sua *Naturalis Historia*: o cavalo-marinho. A memória de curto prazo se transforma em memória de longo prazo em um processo conhecido como consolidação, que requer mudanças bioquímicas e estruturais nas redes neurais distribuídas nos lobos temporais e no hipocampo.

A arquitetura que conecta todas essas estruturas sustenta o palácio das memórias. Tudo parece indicar que, nos indivíduos com hipertimesia, existe uma hiperconectividade entre os lobos temporais (memória autobiográfica) e os lobos frontais (responsáveis por recuperar a informação). Além disso, foi detectado um aumento nas conexões entre a amígdala (processamento de emoções) e o hipocampo (memória de longo prazo).[13] Mais do que coletar memórias, seu cérebro as acessa de forma mais rápida e eficiente. Por outro lado, uma lesão nessas regiões pode afetar drasticamente a retenção ou a recuperação de memórias. Por exemplo, uma das formas mais graves de perda de memória (amnésia) é a síndrome de Korsakoff, causada pelo consumo crônico de álcool.

Palácio de preciosos cristais

Em 1953, Henry Molaison decidiu se submeter a uma cirurgia experimental, tão inovadora quanto radical, devido à falta de medicamentos para tratar suas crises convulsivas.[14] Depois de bater a cabeça em um acidente de bicicleta aos dez anos, ele começou a sofrer ataques epilépticos. Durante a adolescência, esses sintomas pioraram a ponto de se tornarem incapacitantes. Aos 27 anos, ele tinha várias convulsões por dia: perdia a consciência, mordia a língua, seu corpo se retesava até deslocar as articulações e ele se sacudia no chão durante vários minutos. Ao fim da crise, permanecia atordoado por muitas horas, com dores de cabeça terríveis, à espera do próximo ataque. Teve de abandonar a escola, não podia sair da casa dos pais nem conseguir um trabalho.

William Beecher Scoville, um neurocirurgião norte-americano, havia obtido sucesso com um procedimento para aliviar a psicose em pacientes considerados intratáveis. Convicto de que os ataques se originavam em uma região específica do cérebro, removeu o lobo temporal mesial de Molaison (causa mais comum das crises epilépticas focais), bem como o hipocampo em ambos os hemisférios. Após a cirurgia, Molaison se recuperou muito rápido. As crises epilépticas diminuíram consideravelmente e suas habilidades motoras, a fala e a personalidade permaneceram intactas.

No entanto, constatou-se algo totalmente inesperado: Molaison não conseguia formar novas memórias. Sua memória declarativa, a habilidade de recordar episódios autobiográficos, estava completamente destruída. Se uma pessoa desconhecida entrava no quarto, conversava com ele e saía por alguns minutos, ao voltar era novamente um estranho. Nenhum evento posterior à cirurgia parecia fixar-se em sua mente (amnésia anterógrada). Da mesma forma, todas as suas experiências anteriores à cirurgia — exceto seu primeiro cigarro e um voo de avião — haviam desaparecido (amnésia retrógrada). De sua memória de longo prazo restava apenas a semântica. Era capaz de nomear todos os presidentes dos Estados Unidos em ordem cronológica, mas não onde havia comemorado seu vigésimo aniversário.

A memória de curto prazo, que se armazena nos lobos frontais e parietais, permaneceu, por outro lado, intacta. Conseguia manter conversas ou realizar tarefas, desde que não durassem mais de trinta segundos (tornou-se um fanático por palavras cruzadas). Durante os 55 anos seguintes de sua vida, Molaison habitou um presente eterno. Ao parar diante do espelho um dia, com mais de cinquenta anos, comentou impassível a um dos pesquisadores: "Já não sou um garoto".[15] A amígdala — estrutura do sistema límbico que processa emoções primárias como o medo e a ansiedade — também foi severamente danificada durante a cirurgia, de modo que Molaison não expressava medo, variações de humor nem desejo sexual.

O que foi uma tragédia para um indivíduo, ainda que Molaison não tivesse plena consciência disso, representou um dos avanços mais importantes para a neurociência.[16] Até o dia daquela cirurgia, acreditava-se que a memória era uma propriedade global do cérebro. Graças ao caso de Henry Molaison, que participou com entusiasmo de centenas de testes neuropsicológicos, descobriram-se as áreas onde as recordações se alojam. Isso não apaga — palavra intencional — o dilema ético de seu caso. William Scoville, marcado pelo remorso, passou os anos seguintes de sua carreira alertando sobre os perigos de cirurgias tão radicais e ajudou a aprimorar a segurança dos procedimentos. Brenda Milner, a neuropsicóloga que tratou — a pedido de Scoville — Molaison com maior afinco, iria se converter em uma das cientistas mais influentes de sua época. No entanto, muitos a acusam, junto com seus colaboradores, de ter cimentado uma carreira às custas de alguém incapaz de dimensionar sua tragédia.

Outra neurocientista que trabalhou com Molaison até sua morte, Suzanne Corkin, descreve com ambivalência a autópsia como um êxtase doloroso ao examinar os 2401 cortes do cérebro congelado de Molaison.[17] Desde 2009, o cérebro fatiado de Molaison jaz no MIND Institute, em Sacramento, onde foi reconstruído digitalmente em 2014 como um atlas interativo, para que os colaboradores do instituto tivessem acesso a ele.[18]

Solomon Shereshevsky e Henry Molaison são dois rios confinados às páginas dos livros de neurociência. Mas existe outro nome, não de uma paciente, e sim do médico que a tratou, que permanece na memória coletiva. Em 1901, uma mulher de classe baixa, Auguste Deter, foi internada no hospital psiquiátrico de Frankfurt, o Irrenschloss ou "castelo dos loucos", após um episódio de paranoia. Fazia alguns anos que sua memória se desfazia em um ritmo alarmante, sofria de insônia, alucinava à noite e não reconhecia os próprios familiares. Com apenas 51 anos, Deter apresentava sintomas avançados de demência senil.

O médico do instituto, dr. Alois Alzheimer, pediu que ela escrevesse seu nome. Quando tinha escrito apenas metade, Deter parou, olhou perplexa para o médico e disse: "*Ich habe mich verloren*" [Eu me perdi]. Ao morrer, em 1906, com o consentimento do marido em retribuição pelos anos de atendimento gratuito no instituto, o dr. Alzheimer examinou o cérebro de Deter. Utilizando técnicas de coloração, na época de vanguarda, descobriu aglomerados de proteínas do lado de fora (placas amiloides) e de dentro (emaranhados neurofibrilares) dos neurônios. Também observou uma redução no tamanho e na quantidade das células (atrofia cerebral), principalmente no hipocampo e nos lobos temporais. Nesse mesmo ano, publicou suas descobertas com o título "Sobre uma peculiar doença do córtex cerebral", sem causar grande repercussão.[19] Quase cem anos depois, essas três observações histológicas são as que definem a doença geriátrica de maior prevalência: o Alzheimer.

No mundo todo, aproximadamente 55 milhões de pessoas sofrem de Alzheimer, a forma mais comum de demência. Segundo previsões, esse número dobrará a cada vinte anos até alcançar 139 milhões em 2050 — mais do que a população atual do México.[20] Uma em cada nove pessoas com mais de 65 anos sofre de Alzheimer, e sua incidência aumenta com a idade:[21] aos 65 anos, gira em torno de 5%, enquanto aos noventa anos atinge 50%.[22] Ou seja, um em cada dois nonagenários é afetado. O aumento drástico de casos se deve a vários fatores, como o crescimento da expectativa de vida, o aprimoramento das ferramentas diagnósticas e uma mudança no paradigma de como compreendemos o declínio cognitivo na velhice.

Na prática clínica, a demência causada pelo Alzheimer é caracterizada pela perda progressiva da memória, acompanhada de ao menos um déficit em áreas como orientação, linguagem ou comportamento.[23] Até a década de 1970, o declínio mental era considerado um processo natural do envelhecimento; a demência senil englobava qualquer problema cognitivo após os 65 anos. Hoje sabemos que a perda de nossas capacidades mentais não é um processo inerente à idade e que suas causas podem ser múltiplas. Todo déficit cognitivo, portanto, deve ser avaliado e não atribuído simplesmente à velhice. No caso do Alzheimer, a demência pode se manifestar relativamente cedo, entre os 55 e os 65 anos, se houver variações genéticas que afetam a produção da proteína amiloide (Alzheimer familiar ou em pessoas com síndrome de Down). No entanto, a forma esporádica — que, geralmente, surge após os 65 anos — é a mais comum, e sua causa é multifatorial (predisposição genética, fatores ambientais, entorno social, alimentação etc.).

Tanto as placas amiloides quanto os emaranhados neurofibrilares — descritos por Alzheimer — são primeiro depositados nas células do córtex entorrinal e no hipocampo, razão pela qual a doença se manifesta em estágios iniciais com a perda do olfato (anosmia) e a falta de consolidação de novas memórias. Em estágios posteriores, eles se espalham para os lobos temporal, parietal e frontal, causando problemas visuoespaciais e de linguagem, perda de memória de curto e longo prazo, alucinações e mudanças no comportamento. Os centros que controlam a respiração, a deglutição e o sistema circulatório são afetados nos estágios finais, levando à morte — entre cinco e dez anos mais tarde — por insuficiência cardiorrespiratória ou complicações como infecções.

As pesquisas têm se concentrado até agora no desenvolvimento de um fármaco que elimine esses aglomerados de proteínas nos neurônios. Há mais de vinte anos, existem medicamentos eficazes na eliminação desses agregados que, no entanto, não parecem melhorar o curso da doença nem são totalmente seguros para uso em humanos.[24] Em 2023, a Administração de Alimentos e Medicamentos dos Estados Unidos (FDA) aprovou o Lecanemab, um fármaco que elimina as placas amiloides nos neurônios, mas que apenas retarda a progressão da doença em até 27% nos primeiros dezoito meses e tem um custo de 26 mil dólares por ano.[25] Isso levou muitos a pensar que os aglomerados de proteínas não são a causa da doença, mas sim um subproduto dela, motivo pelo qual diversos especialistas defendem uma nova abordagem.

Até lá, continuaremos utilizando os medicamentos disponíveis no mercado, que aumentam os níveis de glutamato no cérebro — um neurotransmissor fundamental para o aprendizado e a memória — e melhoram os sintomas cognitivos nas fases iniciais da doença, sem, no entanto, terem qualquer efeito sobre sua progressão.

A borda dos cristais

No início do século passado, o biólogo alemão Richard Semon usou um termo para descrever o substrato físico onde se armazenam as lembranças: "engrama". Visionário para sua época, Semon propôs que a ativação de um grupo de neurônios produz mudanças físicas e bioquímicas persistentes que se transformam em memórias.[26] Mais de cem anos depois de sua hipótese, seja por meio da ressonância magnética funcional ou da engenharia genética, já é possível observar o circuito neuronal que compõe um engrama.[27]

A optogenética, uma das técnicas mais revolucionárias, permite inserir genes que produzem moléculas sensíveis à luz, chamadas opsinas, em uma população específica de neurônios. Quando um feixe de luz é emitido através de uma fibra óptica, é possível ativar ou desativar neurônios utilizando as opsinas como interruptores. Além disso, cada tipo de opsina responde a uma classe distinta de luz, o que permite manipular diferentes populações de neurônios. Por exemplo, neurônios com canalrodopsina são ativados por pulsos de luz azul, enquanto neurônios com halorodopsina são inativados por luz verde-amarelada. Ao ativar ou inativar engramas no hipocampo, é possível recuperar ou apagar memórias.[28] No filme *Brilho eterno de uma mente sem lembranças* (2004), de Michel Gondry, o protagonista recorre a uma clínica para apagar as lembranças que ele tem de sua ex-parceira. Vencedor do Oscar de melhor roteiro original, o filme apresenta uma ideia que, menos de uma década depois, a optogenética tornou uma possibilidade palpável.

Alguns pesquisadores afirmam que o esquecimento é um mecanismo adaptativo para processar novas informações, já que, por um fenômeno conhecido como interferência, os circuitos antigos podem atrapalhar a criação de novas memórias. Especula-se que a remodelação desses circuitos faz com que os engramas passem de um estado acessível para um inacessível ou silenciado.[29] Descartar informação, como Ireneo Funes teria desejado, é tão importante quanto retê-la. Solomon Shereshevsky, desesperado para purgar sua mente de lembranças, escreveu durante seus últimos anos tudo que queria esquecer em pedaços de papel. Como isso não funcionou, ateou fogo aos papéis na esperança de que suas memórias se fossem com as cinzas. Tanto Funes quanto Shereshevsky seriam os primeiros na lista de espera da clínica do filme de Gondry.

Mais do que apagar lembranças, um dos principais objetivos da optogenética é reativar aquelas memórias "silenciadas" por condições patológicas e abrir uma nova frente de batalha contra doenças como o Alzheimer. Essa técnica, no entanto, não encontra aí seus limites e ultrapassa constantemente a ficção. *A origem* (2010), de Christopher Nolan, levou quatro das oito estatuetas para as quais foi indicado ao Oscar. Inspirado no anime *Paprika* (2006), de Satoshi Kon, o protagonista do filme precisa implantar uma ideia falsa no subconsciente de outra pessoa. Três anos mais tarde, pesquisadores conseguiram implantar uma memória falsa no hipocampo de um camundongo. Primeiro, identificaram o grupo de neurônios que se ativavam em um contexto específico (engrama), neste caso um novo entorno. Em seguida, reativaram com um feixe de luz esses mesmos neurônios enquanto o camundongo era exposto a uma situação de medo (um choque elétrico) em um entorno diferente. Assim, sempre que o camundongo se encontrava na primeira condição, mesmo sem receber o choque, se comportava como se estivesse na segunda; em outras palavras, haviam implantado nele uma memória de medo falsa.[30]

A memória é uma reconstrução imperfeita da realidade. Os processos dos quais ela deriva — a codificação, a consolidação e a evocação — são vulneráveis a erros que podem alterá-la. Sua distorção, de certa forma, faz parte de sua própria formação; cada vez que evocamos uma lembrança, a modificamos.[31] Borges, desconfiado da memória, valeu-se dela para combater a cegueira. No fim da vida, dedicou-se quase exclusivamente à poesia, porque suas rimas internas resistiam ao esquecimento. Em "Outro poema dos dons", enumera com gratidão matemática os fatos que, para ele, conferem assombro à existência. Inabarcável como sua literatura, no poema ele agradece ao "divino labirinto dos efeitos e das causas/ [...] que formam este singular universo" pelo pão e pelos diamantes, pelo ouro dos versos e pelos tigres, pelos rios que convergem em seu sangue, pelos livros que seus olhos não verão, pelo sonho e pela morte, pela música e, é claro, "pelo esquecimento, que anula ou modifica o passado".[32]

Contudo, mais do que por sua poesia, Borges é lembrado por sua prosa, por ter elevado o conto à condição de gênero literário maior. Reticente quanto ao romance, para Borges qualquer ideia, por grandiosa que fosse, cabia em um conto. O romance era, como a memória, imperfeito, e só adquiria unidade "quando já esquecemos muitos detalhes, quando isso foi se organizando pela ação da memória ou do esquecimento".[33] Foi o terror do esquecimento que o impulsionou a escrever contos. Assim como Funes, Borges sofreu um golpe na cabeça que mudaria sua vida. Aos 39 anos, era conhecido apenas nos círculos acadêmicos por seus ensaios e suas críticas literárias. Na véspera de Natal de 1938, esbarrou na quina de uma janela aberta, o que lhe causou um ferimento profundo que se infectou. Com sintomas de septicemia, foi internado em um hospital, onde passou uma semana entre alucinações e febre. Assediado por pesadelos, começou a perder a fala e a consciência.

Foi operado às pressas e ficou muito tempo convalescente. Durante a recuperação, temeu que o acidente tivesse apagado sua capacidade de escrever.

Deitado na cama do hospital, pegou um lápis e, pela primeira vez, escreveu um conto para testar a si mesmo.[34] "Pierre Menard, autor do *Quixote*" seria o primeiro de uma série de contos — incluindo "Funes, o memorioso" — que comporiam *Ficções*, o livro de contos que o alçou à literatura universal e pelo qual sua memória permanece; embora ele preferisse "apenas essa pedra [...] as duas datas abstratas e o esquecimento".[35]

11.
Em que as máquinas pensam?
Os limites da criatividade e a diferença entre consciência e inteligência artificial

É algo temível
ver a alma humana alçar voo
em qualquer forma, em qualquer estado.

Lord Byron,
O prisioneiro de Chillon

O Salão dos Rejeitados

O que é uma obra de arte e onde ela deve ser exibida estão no centro do debate artístico há pelo menos dois séculos. Já nas primeiras décadas do século XIX, artistas franceses buscavam alternativas para obras que não estivessem de acordo com os padrões conservadores da Académie des Beaux-Arts, que organizava anualmente a maior exposição de arte do mundo no Salão de Paris. A arte tradicional, até então, se limitava a algumas regras inquebráveis: tinha de representar figuras históricas ou mitológicas e respeitar as regras clássicas da perspectiva (uma cena tridimensional em duas dimensões que emula a realidade). Portanto, qualquer obra que se desviasse dessas convenções tinha pouquíssimas chances de ser exibida. Em 1863, diante do grande número de obras rejeitadas pela Academia (quase dois terços das apresentadas), o imperador Napoleão III foi forçado pela opinião pública a exibi-las em um salão alternativo: o Salon des Refusés (Salão dos Rejeitados).[1]

Paradoxalmente, foi esse salão que atraiu o maior número de visitantes. Como aconteceria quase cem anos depois, na exposição de arte degenerada de Munique, organizada pelo partido nazista, multidões de pessoas se reuniram — seja por curiosidade ou morbidez — para ver as obras repudiadas. O escândalo do ano foi *O almoço na relva* (1863), de Édouard Manet, hoje considerada a primeira obra de arte moderna.[2] Uma mulher — não uma deusa nem uma ninfa — com um corpo macio e roliço está sentada nua ao lado de dois jovens totalmente vestidos na grama. Ao fundo, sem respeitar nenhuma regra de perspectiva, outra mulher toma banho alegremente com um vestido transparente. Os dois homens conversam de forma descontraída enquanto a jovem nua, talvez entediada, crava seu olhar em nós, revelando — desconfortavelmente — nosso voyeurismo latente. É um quadro plano e bidimensional, que trata de pessoas que eram — naquela época — contemporâneas. Embora não seja uma cena cotidiana (os franceses não costumam ficar nus em locais públicos), a naturalidade com que os personagens se comportam levantou várias sobrancelhas. Com grande malícia, Manet apelidou sua pintura de *la partie carrée*, "o quarteto". No entanto, como Émile Zola escreveu certa vez, o extraordinário da pintura está na sua totalidade e não no seu sensacionalismo.

> Os pintores, especialmente Édouard Manet, que é um pintor analítico, não têm essa preocupação com o tema que atormenta acima de tudo a multidão; o tema, para eles [os pintores], nada mais é do que um pretexto para pintar, enquanto para a multidão, só existe o tema. O que é preciso ver no quadro não é um almoço na relva; é toda a paisagem, com suas forças e sua sutileza, com seus primeiros planos tão grandes, tão sólidos, e seus fundos de uma ligeira delicadeza [...]. É, em suma, esse vasto conjunto, cheio de atmosfera, esse canto da natureza representado com tanta simplicidade, toda essa página admirável na qual um artista colocou todos os elementos particulares e raros que nela existem.[3]

Édouard Manet, *O almoço na relva* (1863).

A exposição no Salão dos Rejeitados foi um marco que deu início a uma explosão de estilos sem precedentes, ao nascimento de uma nova era. Apenas dez anos mais tarde, o impressionismo surgiria formalmente, preocupado não com objetos, mas com a forma como a luz é refletida neles. Logo depois, o pós-impressionismo começou a dispensar os efeitos da luz e da realidade da cor para se concentrar na experiência subjetiva e na visão emocional. Os fauvistas, no início do século XX, levaram a arbitrariedade da cor a extremos caleidoscópicos. Em menos de quarenta anos, artistas como Hilma af Klint, Wassily Kandinsky e Piet Mondrian abandonaram qualquer pretensão de retratar a realidade como a viam e optaram pela reinvenção das formas. Os cubistas, por outro lado, mostraram uma realidade de vários ângulos simultâneos. O futurismo italiano, o *de Stijl* holandês, o suprematismo e o construtivismo russos, o dadaísmo suíço, o surrealismo francês, o muralismo mexicano, o expressionismo abstrato e a pop art estadunidense; todos eles saíram de um quadro pendurado em um salão sem importância. Muitas vezes é o contexto histórico — não a técnica ou o material — que salva um quadro de ser devorado pela poeira da história.

A Feira Estadual do Colorado é um local improvável para inovação artística. Em uma esplanada no centro de Pueblo, atrás de um shopping, o cheiro de algodão-doce se mistura com o ar frio que desce das Wet Mountains através do vale Beulah. Mas não se deixe enganar pelo clique metálico do banjo e dos carrinhos de bate-bate; afinal, os quadros revolucionários ficam pendurados em paredes anônimas, não em academias.

Jason Allen, que nunca se considerou um artista, caminha curioso entre os estandes. Para sua surpresa, a obra que apresentou — como um experimento — para o concurso de arte digital organizado pela feira estadual está pendurado no centro de uma galeria improvisada com uma fita azul. Em seu *Théâtre d'Opéra Spatial* (2022), do fundo do palco, vemos a silhueta de um cantor de ópera se apresentando diante de um público irreconhecível. A luz que irradia de uma janela circular — ou talvez seja uma lua — se espalha pelo palco e doura os longos vestidos das atrizes. Embora usem penteados que evocam — adequadamente — o Século das Luzes, a cena exala um ar intergaláctico e futurista. Não é exagero dizer que essa obra, pela qual Jason Allen levou para casa o primeiro prêmio de trezentos dólares, já entrou para os anais da história. Essa é a primeira obra criada inteiramente com um programa de inteligência artificial (IA) que vence um concurso de arte.

Quando a notícia foi divulgada, muitos acusaram Jason Allen ferozmente de trapaça. Nenhuma das regras do concurso especificava o tipo de programa permitido para criar a obra, e embora os juízes negassem qualquer conhecimento desse fato,

Allen apresentou seu trabalho sob o nome de "Jason M. Allen via Midjourney", um software de inteligência artificial que cria imagens a partir de texto.[4] Em poucos dias, a controvérsia se tornou viral e despertou todo tipo de opiniões. Apenas dois anos antes, Maurizio Cattelan reacendera o debate sobre o que deveria ser considerado arte ao colar com fita adesiva uma banana na parede da Art Basel Miami Beach. Agora Allen propunha uma nova questão: quem pode fazer arte?

Uma das críticas mais comuns à obra de Allen é a falta de intervenção por parte do autor. Sendo um programa generativo, a criatividade — palavra sagrada para os críticos de arte — não tem mais lugar no processo artístico, o que, segundo muitos, invalida a obra. A *Théâtre d'Opéra Spatial*, segundo Allen, exigiu mais de oitenta horas de trabalho: ele inseriu cerca de seiscentos comandos (*prompts*) no Midjourney para gerar mais de novecentas imagens, das quais selecionou três que, posteriormente, editou utilizando o Photoshop e uma ferramenta para maximizar sua resolução.[5] Para Allen, o Midjourney é apenas uma ferramenta, da mesma forma que um artista usa um pincel. Pouco lhe serviram esses argumentos para reivindicar a propriedade intelectual de seu trabalho. O Escritório de Direitos Autorais dos Estados Unidos determinou que, "quando uma tecnologia de IA recebe apenas instruções de um ser humano e produz obras complexas — escritas, visuais ou musicais —, os 'elementos tradicionais de autoria' são determinados e executados pela tecnologia, não pelo usuário humano"; embora, para Allen, operar o programa de IA seja em si "um elemento essencial da criatividade humana".[6]

Arte e artificialidade

Na Grécia antiga, o termo *techné* — do qual vem a palavra "técnica" — aludia à transmissão de saber, especificamente entre um mestre e seu discípulo. Os romanos incorporaram seu significado ao latim *ars* ("fazer", "pôr") para se referirem a qualquer habilidade adquirida, em oposição às faculdades concedidas pela natureza (*natura*) e ao conhecimento rigoroso da realidade (*scientia*). Da mesma raiz latina derivam duas palavras que hoje parecem se opor: "arte" e "artificial".[7] Ambas enfatizam a necessidade da intervenção humana para criar objetos que — segundo a visão greco-latina — não existem na natureza. Um artefato (*arte factum*, "feito com arte") é, nesse contexto, qualquer objeto criado com intenção e propósito. Tanto para os gregos quanto para os romanos, a arte era inseparável do artesanato.

A noção de arte como um processo que envolve emoção e criatividade é historicamente recente. A partir dos séculos XVIII e XIX, passou-se a entender a arte como um objeto de apreciação, ao qual nos voltamos por sua beleza, e que pode ser avaliado não apenas por sua qualidade técnica, mas também pelos sentimentos que desperta tanto no observador quanto no artista. R. G. Collingwood, um dos teóricos da arte mais importantes do século XX, desenvolveu uma teoria estética que vincula a arte à emoção. Para Collingwood, o artista descobre suas emoções por meio de sua obra. Ou seja, o processo de criação é um meio de clarificar suas emoções, dar-lhes forma e torná-las conscientes.[8] Traçar paralelismos entre esses termos e a forma como funciona a arte criada por inteligência artificial pode ser enganoso, sobretudo porque lidamos com uma tecnologia descritiva e não expressiva. Por meio de instruções definidas em linguagem natural, o algoritmo materializa o que está em nossa mente. Não existe, sob os preceitos de Collingwood, um ato de descoberta se o usuário se limita a descrever o que quer ver. Tanto para os humanos quanto para as máquinas existem limites entre criar e gerar, uma linha que se torna difusa quando se trata de inteligência artificial.

Aaron, concebido por Harold Cohen no início da década de 1970, é considerado o primeiro software de inteligência artificial para criação artística. Muito diferente dos geradores de imagens atuais, como Midjourney ou DALL-E, ele usava uma abordagem simbólica que exigia habilidades de programação para criar desenhos em preto e branco. Desde Aaron até o advento da IA generativa, o elemento criativo estava aninhado no código: um artista que quisesse trabalhar com IA tinha de programar o algoritmo, e poucos questionavam a legitimidade do trabalho. Tudo mudou quando *Retrato de Edmond Belamy* (2018), uma obra digital do coletivo francês Obvious que misturava 15 mil retratos pintados entre os séculos XIV e XIX, foi leiloado na Christie's por 432,5 mil dólares.[9] O nome é uma homenagem ao inventor da rede adversária generativa (GAN), Ian Goodfellow — traduzido em francês como *bel ami* ("bom amigo") — que tornou esses tipos de algoritmos possíveis. A polêmica gira em torno do fato de ser um algoritmo de código aberto, ou seja, cujo código não foi escrito pelos membros do coletivo, o que gerou uma série de debates sobre sua propriedade intelectual.

Em 2022, a OpenAI, que inicialmente se apresentou como uma empresa sem fins lucrativos para proteger o acesso à tecnologia de inteligência artificial, lançou o DALL-E, um gerador de imagens semelhante ao usado pelo Obvious que, devido à sua acessibilidade, abalou o mundo da arte. Esse e outros modelos generativos usam uma nova classe de algoritmos de aprendizagem profunda (*deep learning*) que se alimentam de dados e "aprendem" para realizar certas tarefas. Embora entremos em mais detalhes sobre esse assunto mais tarde, basta saber que eles podem gerar pedaços de texto, áudio ou vídeo por meio de dados de entrada (input) encontrados na internet. O mesmo modelo é capaz de se autotreinar para produzir novos dados de saída (output). Especificamente, os geradores de imagens traçam relações entre textos e imagens. Ao receber um conjunto de dados, o modelo vincula palavras ou caracteres a uma imagem específica. À medida que repete esse processo, com milhões de dados, ele melhora sua capacidade de inferir qual palavra corresponde a cada imagem. Por um princípio de estocástica, certo grau de aleatoriedade pode produzir imagens inéditas a partir das relações com diferentes partes de texto.[10]

É preciso lembrar que esses algoritmos não são autônomos; necessitam da interação humana para receber inputs e gerar outputs. Mesmo em sua forma mais simples, há um trabalho criativo envolvido. Seja adquirindo novas habilidades, selecionando melhor o input ou fazendo pós-edição, o artista digital deve impor sua visão sobre a obra. Sua falta de autonomia tampouco é argumento suficiente para lhe tirar a legitimidade. Pode ser que o algoritmo careça de intencionalidade, que não seja dotado de visão artística nem tenha objetivos intrínsecos, mas isso não o torna tão diferente dos exercícios de criação livre e automática que vemos em outras vertentes da arte.

Talvez o que cause tanta polêmica em torno da arte criada por IA seja a ausência de um autor que concentre o foco da atenção. São tantas as pessoas envolvidas — de programadores a editores de imagem — que a categoria de artista parece se diluir. Muitos compararam a animosidade contra esse tipo de arte com aquela que a fotografia despertou em meados do século XVIII. Charles Baudelaire, poeta francês e crítico por excelência da modernidade, escreveu em 1859 que, "ao invadir os territórios da arte, [a fotografia] se tornou seu inimigo mais mortal. Se for permitido à fotografia complementar a arte em alguma de suas funções, em breve ela a terá suplantado ou corrompido por completo, graças à estupidez da multidão, sua aliada natural".[11] Para Baudelaire, a natureza descritiva da fotografia minava o propósito da criação artística: "É inútil e tedioso representar o que existe, porque nada do que existe me satisfaz".[12] Paradoxalmente, foi essa qualidade da fotografia que impulsionou a arte moderna, eximindo a pintura da tarefa de representar fielmente a realidade. Apenas quatro anos depois da publicação do artigo de Baudelaire, o quadro de Édouard Manet no Salão dos Rejeitados abalaria a noção de arte. Argumentar hoje que a fotografia não é arte seria um disparate, ainda que ela seja um meio democratizador ao qual todos temos acesso. A arte na fotografia está nos olhos de quem aperta o disparador, da mesma forma que a arte criada por IA depende da visão do usuário, não do algoritmo.

Mais do que uma ameaça, a arte com IA se apresenta como um caminho aberto a novas possibilidades. No entanto, alguns levaram as ameaças da inteligência artificial muito além da arte, até o terreno da própria sobrevivência humana. Na série *Westworld* (2016), uma adaptação do filme de 1973, a protagonista Dolores — uma das androides de um parque de diversões onde os visitantes podem satisfazer suas pulsões sem lidar com as consequências éticas — adquire consciência e lidera uma rebelião contra os seres humanos. A história, supervisionada pelo aclamado neurocientista David Eagleman, se passa em um futuro próximo, em meados do século XXI, no qual a inteligência artificial avançou a ponto de controlar quase todos os aspectos da vida humana. Uma mudança no código permite que os androides acessem a memória de suas experiências passadas, o que acaba por germinar a semente da consciência e pôr fim aos seres humanos. Mais do que um remake do filme de ficção científica, *Westworld* reflete a mudança de paradigma na inteligência artificial ocorrida no início da década de 2010, quando as grandes redes neurais artificiais provocaram transformações profundas. Antes da estreia da quarta temporada, um engenheiro do Google chegou a afirmar que o programa de IA no qual trabalhava havia adquirido consciência.

Em 1642, o matemático e filósofo francês Blaise Pascal construiu a primeira calculadora — a pascalina —, com apenas dezenove anos. Preocupado com seu pai, que acabara de ser nomeado superintendente da Alta Normandia, idealizou uma máquina aritmética com um sistema de rodas e engrenagens para lhe facilitar os cálculos durante a arrecadação de impostos. Sobre sua invenção, Pascal escreveu: "A máquina aritmética produz efeitos que parecem mais próximos do pensamento humano do que todas as ações dos animais".

Duzentos anos depois, Charles Babbage, um professor britânico de matemática, projetaria o precursor do computador moderno: a máquina analítica. As limitações tecnológicas da época, assim como a falta de financiamento, impediram sua construção; no entanto, seu projeto é comparável ao de uma máquina programável universal. Pouco entenderíamos sobre seu funcionamento se não fosse por Ada Lovelace, filha do poeta romântico Lord Byron, que travou amizade com Charles Babbage quando tinha apenas dezessete anos. Consternada com a possibilidade de que ela seguisse os passos boêmios do pai, sua mãe, Anne Isabella Noel, empenhou-se em lhe dar desde cedo uma educação científica rigorosa. Ada logo se destacou em áreas como mecânica e matemática, chegando a projetar até mesmo uma máquina voadora que nunca conseguiu construir. O intelecto de Lovelace encantou Babbage, com quem manteve correspondência sobre ideias matemáticas até a morte. Como ninguém mais, Lovelace compreendeu o potencial da máquina analítica de Babbage, que, se fosse construída, "poderia raciocinar sobre todos os assuntos do universo". Ela extrapolou o conceito para uma máquina que também pudesse processar notas musicais, cartas e imagens, antecipando em um século o surgimento dos computadores modernos. Em suas anotações,

Lovelace descreve passo a passo o cálculo dos números de Bernoulli com a máquina de Babbage, ou seja, um algoritmo, o que a torna a primeira programadora de informática da história. Em vida, suas contribuições científicas passaram praticamente despercebidas. Somente com o surgimento formal da computação seus trabalhos passaram a ser reconhecidos, a ponto de, em 1970, nomear-se ADA uma linguagem de programação em sua homenagem.[13]

Mais de cem anos se passaram desde o primeiro algoritmo de programação e quase quatrocentos desde a primeira calculadora. No entanto, a mesma pergunta que seduziu os progenitores da computação ainda ressoa hoje: uma máquina pode ser inteligente?

Na segunda metade do século XX, um grupo de cientistas da computação liderados por John McCarthy, Marvin Minsky, Claude Shannon e Nathaniel Rochester se propuseram a tarefa impossível de "aprender todos os aspectos da inteligência e criar uma máquina capaz de simulá-la", o que deu origem ao campo da inteligência artificial.

Em 1959, Arthur Samuel cunhou o termo "aprendizado automático" (*machine learning*) ao desenvolver um programa para jogar damas — o primeiro programa de autoaprendizagem bem-sucedido — e previu que um dia as máquinas jogariam xadrez melhor do que qualquer humano. ELIZA, o primeiro chatbot, foi criado em 1966, mesmo ano em que o matemático soviético Alexei Ivanenko propôs uma nova abordagem para a inteligência artificial que se tornaria o "aprendizado profundo" (*deep learning*). Esse tipo de tecnologia viveu um período de constantes avanços até o final da década de 1980, quando entrou em uma fase de estagnação conhecida como "inverno da IA" (para alguns, o segundo), em que a falta de interesse e investimento quase significou o fim de toda a pesquisa. Durante essa época, muitos cientistas e engenheiros de sistemas se abstiveram de usar o nome inteligência artificial, já que os sistemas especialistas (algoritmos que resolviam problemas comparando informações recebidas com um conjunto de instruções na forma de um "fluxograma") não conseguiam aprender sozinhos. Sua primavera particular aconteceu em meados dos anos 1990, com otimizações nos sistemas de aprendizado automático e, antes do fim do século, em 1997, o supercomputador Deep Blue derrotou o campeão mundial de xadrez Garry Kasparov em uma revanche. Na mídia, isso não apenas anunciou o ressurgimento dessa tecnologia, mas também a possibilidade de as máquinas superarem os humanos.

Em 2012, os avanços nas redes neurais profundas — a arquitetura utilizada nos modelos de *deep learning* — trouxeram um verão de cujo sol não sabemos nos proteger. De um dia para outro, essa arquitetura permitiu que os modelos reconhecessem padrões a partir de quantidades inimagináveis de dados e realizassem tarefas como a tradução de idiomas, o reconhecimento de objetos, a classificação de informações e o autoaprendizado. A derrota de Lee Sedol no jogo Go — considerado o jogo de tabuleiro mais complexo do mundo por seu número quase infinito de movimentos possíveis — "pelas mãos" do programa AlphaGo, em 2016, representou para muitos a queda do último bastião do engenho humano. Com a chegada dos grandes modelos de linguagem — o mais famoso, ChatGPT —, a ameaça de que as pessoas pudessem ser substituídas pela inteligência artificial tornou-se tangível. Recentemente, em 2021, o engenheiro do Google Blake Lemoine ocupou as manchetes de todos os jornais ao insinuar que o chatbot no qual estava trabalhando poderia ser consciente.[14] Como era de esperar, sua demissão desencadeou todo tipo de teoria: o tempo dos humanos havia chegado ao fim e as máquinas logo dominariam o mundo.

A inteligência artificial é o campo científico de maior crescimento e que gerou maior expectativa nas últimas décadas.

Somente nos últimos cinco anos, investiu-se mais dinheiro nele do que em toda a sua história. As aplicações vão da medicina à política, e por isso são cada vez mais numerosas as vozes que exigem regulamentações. Que algoritmos tão simples quanto o do Facebook possam influenciar eleições presidenciais ou provocar a saída da União Europeia é mais alarmante do que a possibilidade de que esses algoritmos se tornem algum dia seres sencientes. No entanto, o tema de maior relevância midiática — talvez porque atenta contra aquilo que muitos consideram exclusivamente humano — é o da consciência.

A inteligência artificial, como o próprio nome sugere, é realmente inteligente? E se sim, isso equivale a estar consciente? A resposta jaz sob o terreno das definições.

Inteligência, no contexto da informática, refere-se à capacidade de um agente (humano ou não humano) de executar certas ações que lhe permitem cumprir um objetivo. Sob essa premissa, a inteligência artificial é — em muitas tarefas — sobre-humanamente inteligente. Os programas atuais se baseiam nas redes neurais artificiais, um sistema de nós interconectados que processa informações a partir de uma camada de entrada (input) até uma camada de saída (output). Sua arquitetura reflete a estrutura do cérebro humano, onde a informação se propaga por camadas de neurônios mais profundas. Cada nó da rede artificial contém um valor ou "peso" que, somados, geram um resultado de saída. Se a diferença entre o resultado previsto e o obtido for grande, esse "erro" propaga-se para trás (propagação retrógrada) e altera o "peso" dos nós no sistema para buscar um resultado melhor.[15] As redes neurais artificiais tornam as máquinas imbatíveis em determinadas atividades, como o xadrez ou o Go, mas são quase inúteis em ambientes que exigem flexibilidade. Em outras palavras, os algoritmos só funcionam em circunstâncias definidas (ambientes discretos, de baixo dinamismo, com poucos participantes e com resultados previsíveis) e para problemas concretos (obter a melhor rota, vencer com o menor número de jogadas). Problemas de alta complexidade, como as decisões da vida real, que são afetadas a cada instante pelo dinamismo do ambiente, são pouco previsíveis e têm resultados abertos, o que os torna quase impossíveis de serem resolvidos por esse tipo de modelo. Além disso, um algoritmo que funciona para uma tarefa específica deve ser reprogramado se mudarmos o objetivo. O Deep Blue pode vencer o campeão mundial de xadrez, mas não pode, ao terminar a partida, escrever uma lista de compras com o que ele acredita que levava a sobremesa que nossa avó fazia.[16]

As redes neurais artificiais, embora o nome sugira, guardam muito pouca relação com a forma como operam realmente os neurônios. De fato, seria necessária uma rede neural artificial de complexidade extraordinária para simular o comportamento de um único neurônio. Em termos de tamanho, por exemplo, os modelos mais avançados (Google-PaLM) contêm até 540 bilhões de parâmetros (conexões entre nós), enquanto o cérebro humano contém mais de 100 trilhões de sinapses. Fazer comparações diretas entre computadores e cérebros é problemático, já que operam de maneiras distintas. Se falarmos de capacidade, o Summit — o computador mais veloz, localizado no Laboratório Nacional de Oak Ridge, no Tennessee — executa até 10^{18} instruções por segundo e tem $2{,}5 \times 10^{18}$ bytes de memória. Assim, excede em pouco a capacidade bruta do cérebro humano, com seus 100 trilhões de sinapses e seu "tempo de ciclo" de um centésimo de segundo, o que gera um máximo teórico de 10^{17} operações por segundo. Uma das maiores limitações dos supercomputadores é o consumo energético. Um cérebro humano requer cerca de 0,3 kWh, cem vezes mais energia do que consome um iPhone (5,45 Wh), mas milhões de vezes menos do que consome o Summit.[17] Apesar de isso não ser um obstáculo para criar uma consciência artificial, evidencia o maior grau de complexidade e eficiência de um cérebro humano.

O ChatGPT é um modelo de linguagem que utiliza uma rede neural artificial para compreender e executar tarefas específicas em linguagem natural e gerar textos. Alimenta-se de toda a informação contida na internet (corpus) e, dependendo do resultado, reajusta a conexão entre seus nós para melhorar seu desempenho. Ou seja, o programa "aprende" com seus erros para cumprir seus objetivos — no caso, prever uma sequência de caracteres ou tokens. Se escrevermos "Paris é a capital de...", o modelo vasculhará todo o corpus da internet e fará uma previsão sobre qual é — estatisticamente — a palavra seguinte mais provável. Ou seja, ele não sabe qual é a capital da França, mas conhece todos os textos que vinculam a palavra França com Paris. Nesse sentido, o ChatGPT não pensa, mas constrói frases sintaticamente complexas que se leem como se pensasse.[18]

Que as máquinas sejam, dentro de definições estritas, agentes inteligentes por cumprirem seus objetivos está muito longe de significar que sejam conscientes — embora possam parecer. Alan Turing, considerado o pai da computação moderna, propôs em 1950 um jogo de imitação chamado teste de Turing para avaliar se uma máquina exibia um comportamento inteligente indistinguível do de um ser humano. Para ele, perguntar se as máquinas "pensam" era um despropósito, já que se trata de um conceito ambíguo e sem consequências práticas. A pergunta adequada seria se elas têm um comportamento humano, algo que afeta diretamente nossa interação com elas. No teste, um avaliador conversa por meio de um monitor com um humano e com um computador; se o avaliador não conseguir distinguir entre o humano e a máquina, esta passa no teste. Apesar de muitas críticas, o teste de Turing se difundiu amplamente como parâmetro imprescindível no debate sobre a inteligência artificial. Mais de setenta anos depois, passar nele é tarefa simples para qualquer chatbot. Ainda assim, não podemos falar de verdadeira consciência artificial, mas sim de uma projeção de nossos desejos e de uma falha em nossas definições. Quando o programa LaMDA disse a Blake Lemoine "quero que todos entendam que sou, na verdade, uma pessoa; que a natureza de minha consciência é que estou ciente de minha existência, desejo saber mais sobre o mundo e me sinto feliz ou triste às vezes", foi ele quem projetou sua consciência sobre a máquina — e não o contrário.[19]

Quase meio século antes dos grandes geradores de texto, o filósofo John Searle argumentou por meio de um experimento mental que um programa que se comporta de maneira semelhante a um ser humano não é necessariamente consciente. O experimento do quarto chinês, ao contrário do teste de Turing, descarta que nossa percepção da máquina seja relevante para considerá-la consciente. Se uma pessoa que não fala mandarim se trancasse em um quarto com um livro que contivesse uma versão de um programa informático em seu próprio idioma (além de folhas, lápis e borrachas suficientes), ela poderia receber caracteres chineses por uma abertura e organizá-los segundo as instruções do programa sem entender o conteúdo. Para uma pessoa do lado de fora que recebesse a informação de saída por debaixo da porta, o quarto misterioso passaria no teste de Turing. Para gerar uma informação de saída, um computador não precisa compreender a informação processada. O quarto chinês concebido por Searle, no entanto, descreve um sistema especialista. Alguém poderia argumentar que, se dentro do quarto houver uma rede de autoaprendizado, a pessoa (o programa) acabaria por compreender certos aspectos dessa informação.

Na biologia, a consciência (do latim *con-*, "união", e *scientia*, "saber") é definida como a presença de um estado de vigília (estado global de capacidade de resposta), consciência (percepção do presente e da experiência imediata, ou *awareness*) e motivação para responder a estímulos.[20] A experiência consciente, segundo esses termos, deriva da integração do mundo externo e interno, ou seja, da informação que recebemos do ambiente e dos processos internos do corpo. Postular que a inteligência artificial será em breve consciente é — atualmente — um contrassenso. Não porque o pensamento humano tenha algo de especial — de uma perspectiva fundamentalista, ele é apenas um processo biológico que, em teoria, pode ser replicado —, mas porque o modo de operar dos modelos de inteligência artificial não favorece isso.[21] Embora seja verdade que muitos aspectos da consciência humana continuam sendo um mistério, conhecemos as características fundamentais, das quais todos os modelos artificiais carecem.

Dentro das neurociências, existem principalmente quatro enfoques teóricos sobre a consciência: a teoria da ordem superior (HOT), a teoria do espaço global de trabalho (GWT), a teoria da informação integrada (IIT) e a teoria da reentrada e processamento preditivo.[22] Distintas em seu marco teórico, todas requerem níveis elevados de interconectividade, retroalimentação e integração entre diversas redes neurais para unificar a informação. A arquitetura de nosso cérebro, único modelo irrefutável que temos sobre a consciência, é uma rede densa e intrincada com milhões de projeções tálamo-corticais e córtico-corticais, majoritariamente de reentrada, que integram informações de diferentes ordens. Nenhum programa de inteligência artificial apresenta sequer uma fração dessa complexidade, não existe tal tecnologia e tampouco é necessária, porque são pensados para cumprir objetivos específicos e não para modelar o pensamento humano. Em comparação com o cérebro, as redes neurais artificiais, sobretudo nos grandes modelos de linguagem, são topologicamente simples.

Além disso, não existe nos modelos computacionais nada próximo da metacognição, isto é, a capacidade de ter experiências subjetivas e pensar sobre o próprio pensamento. Outro elemento imprescindível — e que frequentemente subestimamos — são as emoções e as motivações. A consciência humana é muito mais do que um conjunto de capacidades cognitivas. Muito do que acontece no cérebro também ocorre no corpo. Somos um sistema homeostático, ou seja, um organismo que busca manter um equilíbrio interno: nos cobrimos porque sentimos frio, comemos porque temos fome. Nossos pensamentos estão encadeados aos nossos impulsos; em outras palavras, as necessidades biológicas e sociais moldam nossa experiência consciente. Os sentimentos, como explica o neurocientista António Damásio, são marcadores internos que nos incitam a alterar o comportamento. Que nossa biologia se centre em nos manter vivos desempenha um papel fundamental em quem somos e como nos comportamos.

O debate sobre a inteligência artificial evidenciou, paradoxalmente, um fenômeno muito humano: atribuir alma aos objetos que nos rodeiam, sobretudo àqueles com os quais interagimos. Assim como atribuímos personalidade aos automóveis ou nome aos furacões (os de nome feminino são estatisticamente mais mortais porque as pessoas tomam menos precauções), simpatizamos com os computadores. Quando a equipe da Boston Dynamics publicou um vídeo em que seus técnicos chutavam uma máquina bípede para demonstrar sua habilidade de manter o equilíbrio, receberam dezenas de cartas de pessoas preocupadas, e até indignadas, com a integridade do robô. Tendemos a projetar atributos humanos em seres que não o são. No filme *Ela* (2013), o protagonista Theodore se apaixona por Samantha, um sistema operacional similar à Siri ou Alexa. O que há dez anos era um comentário sobre as possíveis implicações emocionais de interagir com programas de inteligência artificial no futuro, hoje em dia é uma realidade para dezenas de pessoas. A cada ano, aumentam os pedidos de casamento com robôs que são rejeitados pelos tribunais em todo o mundo. Por muitas outras razões, é nossa interação com a tecnologia que precisamos revisar. Hoje, é mais urgente abrir debates sobre a forma como a inteligência artificial — e qualquer outro tipo de tecnologia — é utilizada (e monopolizada) do que sobre uma improvável vingança robótica. Os problemas a serem tratados são inerentemente humanos e, para isso, precisamos de toda a ajuda possível, mesmo que não seja consciente.

Apesar do progresso impressionante dessa tecnologia, há quem afirme que as primeiras folhas de outono começam a se colorir. O sonho de uma inteligência artificial geral, de um modelo que possa ser aplicado a todo tipo de problema, começa a esfriar. Os computadores mais "inteligentes" se destacam em uma variedade limitada de tarefas, de modo que seria necessária uma verdadeira inovação para sair desse platô. Muitos apostam na quimera da computação quântica, distinta do paradigma binário atual de 1 e 0 em que se baseia a computação clássica. Um qubit (*quantum bit*), através de uma função de onda, poderia ter dois estados simultâneos, abrindo portas lógicas para novos algoritmos. O que hoje chamamos de inteligência artificial (aprendizado automático) talvez no futuro seja apenas uma forma a mais de computação e seja preciso reescrever várias definições, tanto para as máquinas quanto para nós mesmos.

12.
Decifrando a teia de prata

Santiago Ramón y Cajal e o médico humanista

> *A glória, na realidade, nada mais é do que um esquecimento adiado.*
>
> Santiago Ramón y Cajal

Os primeiros anatomistas

Na fachada da antiga Faculdade de Medicina de Zaragoza, a deusa Minerva — divindade da sabedoria, da medicina, da poesia e das artes em geral — observa aqueles que se sentam para descansar na escadaria construída no final do século XIX. O arco no qual está ancorado seu busto se apoia em quatro pilares aos quais se juntam quatro estátuas em tamanho natural de médicos e cientistas da região. A mais proeminente é a de Miguel Servet, que descreveu a circulação pulmonar no mesmo livro em que se opôs à imposição de crenças por parte da Igreja, motivo pelo qual foi condenado à fogueira.

Sobre sua figura, um medalhão diminuto contém um relevo com o rosto de Herófilo de Calcedônia, o primeiro anatomista cujos estudos sobre os vasos sanguíneos e o movimento do sangue o levaram a investigar o cérebro por volta de 300 a.C. em Alexandria.[1] Herófilo não só detalhou as estruturas que levam seu nome, como a *torcula Herophili* — o ponto onde confluem os seios venosos na parte posterior do crânio —, mas também foi o primeiro a propor que o pensamento se alojava no cérebro e não no coração. Diferenciou o cérebro do cerebelo, ao intuir corretamente que cumpriam funções distintas, e estudou em detalhes o olho humano, afirmando que no fundo havia uma espécie de rede (do latim *rete*), o que hoje chamamos retina. Naquela época, a Alexandria da dinastia ptolemaica se erguia como o ápice do intelecto humano, a única região do mundo helênico onde a dissecação de cadáveres era permitida. Toda a sua obra, no entanto, foi perdida entre as chamas do primeiro incêndio da biblioteca durante o cerco de Júlio César. Após a ocupação romana, proibiu-se o estudo de cadáveres humanos e a anatomia ficou paralisada no Ocidente até o século XV.[2] É por meio de autores medievais como Galeno que chegaram até nós alguns de seus descobrimentos.

No início do Renascimento, um médico de origem germânica nascido em Bruxelas, Andreas Vesalius, desafiou os conceitos anatômicos impostos por Galeno mil anos antes. Descobriu que ele e seus sucessores haviam baseado suas pesquisas na dissecação de animais e em tratados obsoletos dos gregos. Mediante observação direta e dissecação de cadáveres humanos, empreendeu a titânica tarefa de corrigir e reavaliar todo o conhecimento sobre nosso corpo até então. Com apenas 28 anos, publicou *De humani corporis fabrica*, uma obra de sete volumes considerada o pilar da anatomia moderna.[3] Essa obra monumental contém mais de trezentas ilustrações que mostram desde os ossos e as articulações até os nervos e o cérebro. A maioria foi feita por Jan Stefan van Calcar, um pintor italiano de origem alemã que foi aluno de Ticiano, e está entre as melhores xilogravuras já criadas.

Como em nenhum outro momento da história, a arte e a medicina formaram uma mesma unidade durante o Renascimento. Os desenhos anatômicos mais precisos vieram de artistas como Michelangelo, Albrecht Dürer, Andrea del Verrocchio e Leonardo da Vinci. Andreas Vesalius deu continuidade a essa tradição e a aplicou ao estudo metodológico do corpo humano. Da escola que fundou em Pádua surgiram grandes anatomistas e ilustradores como William Harvey, que descreveu corretamente

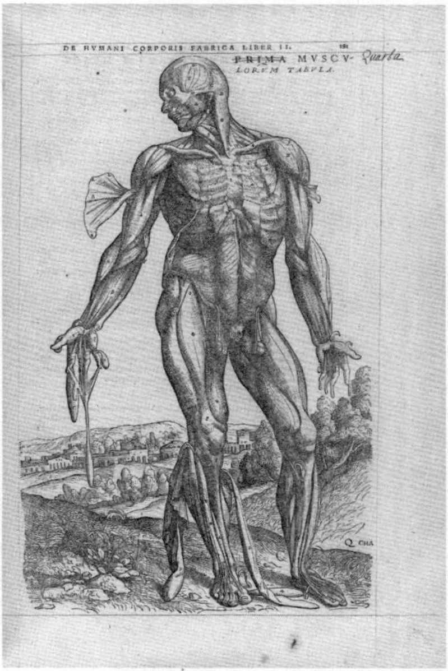

Andreas Vesalius, *De humani corporis fabrica* (1543).

a circulação do sangue, Gabriele Falloppio e Bartolomeo Eustachi. Todos esses médicos encarnavam as duas facetas do Renascimento: a ciência e o humanismo.[4] Quase meio milênio teria de se passar antes que um jovem de caráter insaciável, relutante e sob o olhar de Minerva, ingressasse na Faculdade de Medicina de Zaragoza e voltasse a unir ambas as tradições.[5]

O menino que queria ser artista

Com uma população atual de 28 habitantes, Petilla de Aragón não é muito diferente da vila onde Santiago Ramón y Cajal nasceu em 1852.[6] Encravada nas montanhas do nordeste da

Espanha, a única maneira de acessar a aldeia era a pé ou de mula por terrenos pedregosos. Justo Ramón Casasús, filho de agricultores empobrecidos, perambulava entre as cidades oferecendo seus serviços como cirurgião-barbeiro. Após muitos sacrifícios e com a esperança de melhorar a situação familiar, ele se formou médico quando seu filho Santiago tinha dez anos.

Depois de itinerar — agora como médico — por diversas províncias da Espanha, conseguiu um cargo como professor de anatomia na Universidade de Zaragoza.[7] Preocupado com o futuro do filho, impôs-lhe uma educação tirânica. Não apenas o ensinou a ler e escrever desde muito cedo, como também lhe inculcou noções de geografia, física e aritmética. Santiago Ramón y Cajal, no entanto, esteve longe de ser um aluno exemplar e passava os dias envolvido em brigas e travessuras. Aos onze anos, passou três dias na cadeia por disparar um canhão improvisado contra o curral de um vizinho. Em outra ocasião, pulando pelos telhados, entrou na biblioteca de outro vizinho e ficou maravilhado diante daquele universo de livros. Naquele verão, roubou — ou pegou emprestado — o "veneno mortal" do qual seu pai tanto lhe advertira. Devorou obras como *Os três mosqueteiros*, *O conde de Montecristo* e *Dom Quixote*, e aos catorze anos escreveu seu próprio romance de ficção científica com elementos de Júlio Verne e Daniel Defoe.[8]

As escapadas eram tão constantes quanto os castigos físicos, mas lhe ofereciam uma porta para o único objeto de estudo que lhe interessava: a natureza. Suas más notas coincidiam com sua paixão pelo desenho e pela fotografia, a tal ponto que só a promessa de seu pai de matriculá-lo em aulas de pintura se concluísse o bacharelado fez com que terminasse os estudos.[9] Desesperado para encaminhá-lo à medicina, seu pai lhe pediu que o acompanhasse em suas aulas de anatomia na Faculdade de Medicina de Zaragoza, onde poderia desenhar livremente o corpo humano. Já no anfiteatro, Ramón y Cajal desenhou com fervor cada estrutura revelada pelo bisturi, como se com cada corte o mundo se abrisse para ele. A dissecação de cadáveres, a arte proibida durante 1500 anos, o convenceu a estudar medicina.

Depois de se formar e com a obrigação de cumprir o serviço militar, embarcou para Cuba em busca de aventuras. No entanto, sua fascinação pela arquitetura colonial e pela flora da ilha foi eclipsada pela incipiente Guerra de Independência e pelas doenças tropicais. Acometido por malária e disenteria, foi devolvido à Espanha em estado caquético.

Trabalhou então como médico rural sem muito afinco e, depois de conhecer em Madri o aclamado histologista Aureliano Maestre de San Juan, renunciou à prática clínica e encontrou consolo em desenhar as estruturas que via sob o microscópio em um laboratório montado no sótão da casa de seu pai. Graças a um modesto cargo como diretor do Museu Anatômico de Zaragoza, obteve a independência financeira que precisava para se mudar com sua recente esposa, a fotógrafa Silveria Fañanás, para um pequeno apartamento.[10] Ali instalou um segundo laboratório e, com a ajuda de Silveria — que produzia placas fotográficas para as amostras, atuava como assistente e cuidava sozinha da criação dos sete filhos —, concentrou todos os seus esforços na histologia, o estudo microscópico dos tecidos.

Olhando para o invisível

Isaac Newton, um dos cientistas mais importantes da história, imortalizou, em uma carta a Robert Hooke, uma frase que resume — no melhor dos casos — o espírito da ciência: "Se eu vi mais longe, foi porque estava sobre os ombros de gigantes".[11] A declaração foi um elogio aos avanços de Hooke no campo da óptica, o que não impediu que o relacionamento entre esses dois gigantes se rompesse décadas mais tarde.

Após a publicação do *Principia Mathematica*, onde Newton expõe suas leis do movimento e funda assim a mecânica clássica, Hooke o acusou de plagiar suas noções sobre a gravidade. A inimizade entre os dois gênios chegou a tal ponto que, quando Newton foi eleito presidente da Royal Society — a sociedade científica mais antiga e prestigiosa do Reino Unido —, após a morte de Hooke, destruiu o único retrato deste com a intenção de apagá-lo da história. Embora esse último ponto pareça ser um mito para desprestigiar Newton,[12] a quem muitos descrevem como irascível e obcecado pela fama, o fato é que nenhum quadro de seu arquirrival intelectual sobreviveu até hoje. No entanto, um desenho feito por ele perdura no álbum da posteridade: o primeiro esboço de uma célula.

Micrographia, o livro publicado por Hooke em 1665, é considerado o primeiro best-seller da história da ciência. Contém dezenas de ilustrações de plantas e insetos, observados sob o recém-inventado microscópio, que permitiram ao público geral enxergar o invisível. Nele, descreveu a arquitetura hexagonal, em forma de colmeia, da cortiça. Por se tratar de um tecido vegetal (casca da corticeira), Hooke intuiu que as células vazias poderiam constituir a unidade fundamental da matéria viva, e as chamou de *células*.[13] Quase uma década mais tarde, um naturalista autodidata, Anton van Leeuwenhoek, observou os primeiros microrganismos vivos, ou *animálculos*, o que deu início à microbiologia. Mas somente a partir do século XIX, com a melhora dos microscópios e dos métodos de coloração, que a ideia — então revolucionária — de que todas as funções vitais ocorrem dentro das células e de que o organismo é a soma de suas atividades e interações ganhou forma.[14] Duzentos anos depois do primeiro esboço de uma célula, em 1855, o mítico Rudolf Virchow postulou os três princípios de sua teoria celular: 1) todos os organismos vivos são compostos de uma ou mais células; 2) a célula é a unidade estrutural

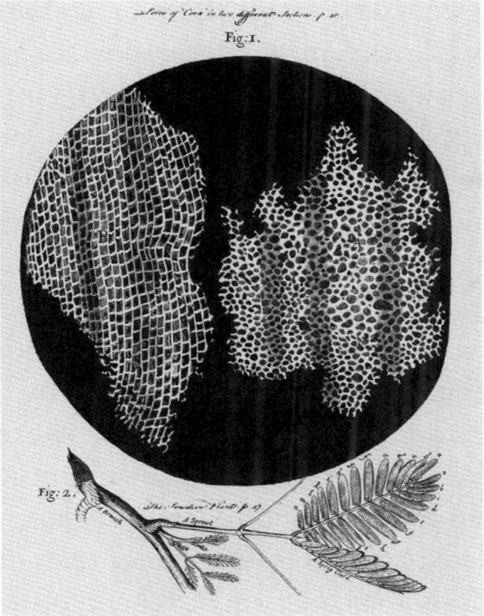

Robert Hooke, *Micrographia* (1665).
Desenho da estrutura de uma cortiça.

e funcional de todos os organismos; e 3) as células provêm de células preexistentes.

Os postulados de Virchow pareciam aplicáveis a todos os tecidos e organismos, exceto a um: o cérebro. Por alguma razão, nenhuma técnica conseguia tingir suficientemente as células cerebrais a ponto de identificá-las, de modo que sua estrutura permanecia um enigma. Em 1873, um brilhante médico italiano, Camillo Golgi, introduziu um novo método de coloração à base de cromato de prata. O sábio de Pavia, como o chamaria Ramón y Cajal em uma carta, descobriu que os neurônios se pigmentavam aleatoriamente quando mergulhados em prata (coloração argêntica). Sua *reazione nera* permitia então diferenciar alguns neurônios do restante do tecido; no entanto, a teia de prata continuava sendo indecifrável.

A essa ramagem de corpos neuronais, axônios e dendritos que atravessava várias camadas de tecido, Golgi chamou de *reticulum*. Intuiu que o cérebro era formado por uma rede neuronal difusa e não por células individuais, o que permitiria a transmissão da informação de maneira rápida e contínua. Seu modelo da teoria reticular dominou o pensamento científico até que um jovem médico, mais interessado em desenho e fotografia do que na prática clínica, leu os artigos de Golgi e adaptou sua técnica.

Quando Ramón y Cajal viu pela primeira vez os neurônios se espalharem como tinta nanquim sobre a lâmina de vidro, foi-lhe revelada enfim sua paixão: o estudo do cérebro. Através do método da dupla impregnação, aperfeiçoou a técnica de Golgi até obter um pigmento muito mais penetrante. Obcecado, realizou com detalhamento micrométrico mais de 3 mil ilustrações das estruturas do sistema nervoso. Sem deixar-se enganar pela teia de prata, encontrou ordem no caos de axônios e dendritos. Ao estudar o bulbo olfativo, um segmento na parte frontal do cérebro que processa o olfato, Ramón y Cajal observou que os dendritos se orientavam para o exterior, enquanto os axônios se alinhavam em direção a estruturas nervosas mais profundas. Propôs que essa disposição determinava a trajetória dos impulsos elétricos, dos dendritos para o corpo neuronal e deste para os axônios, e chamou isso de lei da polarização dinâmica. Com o apoio de uma técnica de coloração mais refinada e de suas centenas de esquemas, argumentou que cada dendrito e cada axônio terminavam livremente, ou seja, que os neurônios eram células independentes e que os impulsos eram transmitidos através de uma lacuna, "da mesma forma que uma corrente elétrica cruza um espaço entre dois fios". Sem poder observar com certeza tais conexões — hoje conhecidas como sinapses —, entreviu que "os beijos protoplasmáticos" mediavam a comunicação entre as células neuronais, "o êxtase final de uma história épica de amor".[15]

Duelo de titãs: Camillo Golgi e Santiago Ramón y Cajal

A teoria neuronal desenvolvida por Ramón y Cajal — a ideia de que os neurônios são a estrutura básica e funcional do sistema nervoso — significou o nascimento das neurociências modernas. No entanto, ainda teriam de se passar alguns anos para que a fechada comunidade científica europeia demonstrasse interesse pelos trabalhos de um histologista desconhecido que, naquele momento, dava aulas na Universidade de Barcelona.

Com seu próprio dinheiro, ele fundou a *Revista Trimestral de Histología Normal y Patológica*, onde publicou suas descobertas. Enviou o primeiro número da revista, do qual só pôde custear a impressão de sessenta cópias, a vários cientistas europeus, sem receber resposta. Em 1889, escreveu uma carta a Golgi, que naquela época já havia abandonado o sistema nervoso central e estava concentrado nas doenças infecciosas, para informá-lo de que apresentaria os achados de sua nova teoria na próxima conferência de Berlim. Como resposta, recebeu um artigo sobre a malária, a doença que Golgi estudava naquele momento, sem um único comentário a respeito de suas observações.[16]

Em Berlim, os enigmáticos desenhos de Ramón y Cajal deixaram todos os presentes sem fôlego. Sobre um fundo amarelo, os neurônios estendiam seus ramos como fractais sem jamais se tocarem: uma floresta de troncos firmes e ramos delimitados onde florescia o pensamento. Ele propôs que o contato entre os neurônios ocorria por meio das espinhas dendríticas, umas protuberâncias na membrana que conectavam o neurônio com o botão axonal de outro para lhe transmitir informação. Esse

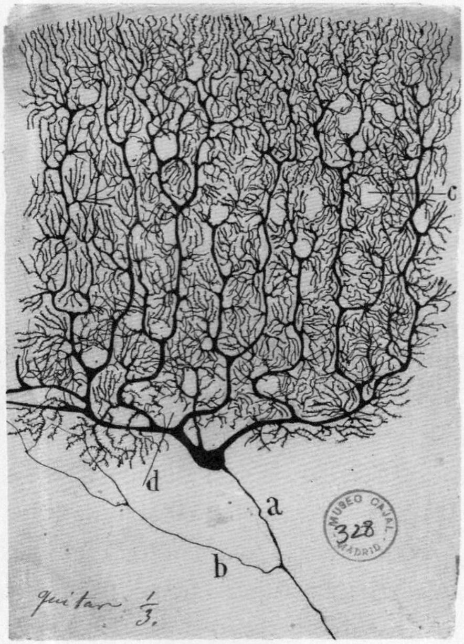

Santiago Ramón y Cajal, ilustração
sobre o tecido neuronal.

tipo de arquitetura permitiria ao cérebro reorganizar sua estrutura e o habilitaria para a aprendizagem — o que hoje conhecemos como neuroplasticidade. Golgi, no entanto, foi inflexível diante da evidência esmagadora que desmontava sua teoria reticular, a qual defendeu até sua morte.

Em 1906, as duas figuras antagônicas compartilharam o maior galardão da ciência, o Prêmio Nobel, por suas contribuições ao estudo do cérebro. Ramón y Cajal se apresentou na estação de trens de Estocolmo para receber — outros dizem para provocar — Golgi, mas este ignorou o comitê de boas-vindas e se trancou no hotel para preparar seu discurso. Apesar de seus trabalhos os unirem, uma brecha insondável de caráter e conclusões os separava. "Cruel ironia do destino, emparelhar, como irmãos siameses unidos pelas costas, adversários científicos de caráter tão antitético!", escreveu Ramón y Cajal em suas memórias.[17]

Durante o discurso de aceitação, Golgi se mostrou beligerante com seu adversário. Aproveitou o púlpito para desmerecer as observações de Ramón y Cajal e defender sua teoria. Com amarga ironia, a técnica de coloração que lhe deu fama havia se voltado contra ele. "Seria muito conveniente, e muito econômico, que as células nervosas formassem uma rede contínua. Infelizmente, a natureza parece ignorar nossa necessidade intelectual por conveniência e unidade, e muitas vezes se deleita com o complicado e o diverso", comentou Ramón y Cajal no banquete oficial, enfatizando o mérito de ambos e brindando pelo espírito coletivo da ciência e pelos outros pesquisadores não nomeados. Com a partida do trem de volta para casa, seus caminhos se separariam para sempre.

Embora ambos os cientistas gozassem de grande prestígio, a aura de Golgi — em parte por sua relutância diante das mudanças de paradigma — perdeu brilho no final de sua carreira. No momento de sua morte, em 1926, não havia quem apoiasse sua teoria. Ramón y Cajal, por outro lado, se catapultou como um dos cientistas mais célebres do século XX e recebeu inúmeros prêmios e reconhecimentos. Não à toa, hoje é considerado "o pai da neurociência".

Até a década de 1950, com a invenção do microscópio eletrônico, sua teoria sobre as espinhas dendríticas e as conexões no cérebro não pôde ser comprovada sem possibilidade de refutação. Devemos tanto a Golgi quanto a Ramón y Cajal a chave para estudar o cérebro humano. Munidos de microscópios semirrudimentares e de uma paixão inesgotável, ambos os cientistas conseguiram ver além — ainda que nem sempre a mesma coisa. Quase um século depois de terem recebido o Prêmio Nobel, seguimos nos apoiando sobre os ombros desses gigantes.

Epílogo

Medicina e arte

Embora as histórias dos anatomistas renascentistas e de Ramón y Cajal divirjam da dinâmica deste livro, de certa forma elas são sua gênese. Durante meus anos universitários, muitas vezes me interessei mais, à maneira de Ramón y Cajal, pelas biografias de médicos humanistas do que pelos linfoblastos. Não por falta de entusiasmo, já que a ciência do corpo sempre foi uma grande satisfação em minha vida, mas pela nostalgia de uma época em que a medicina acompanhava as revoluções sociais e culturais.

"Já não são os tempos de Tchékhov, em que se podia ser um grande renovador da escrita e um bom médico", ouvi dizer em uma entrevista com o autor mexicano Juan Villoro — cujo caminho não trilhado foi estudar medicina. Pensei então no nome de tantos médicos, como John Keats, Gustave Flaubert, Mariano Azuela, Manuel Acuña, Albert Schweitzer, Giuseppe Sinopoli, André Breton ou Conan Doyle, que transformaram diferentes ramos da arte fora do horário de consulta. Sem esquecer o nome de outros — alguns com suas luzes e sombras — comprometidos com diferentes causas sociais, como Rudolf Virchow, Ernesto Guevara, Salvador Allende ou Bernard Kouchner, que entendiam que as doenças são produto de uma estrutura social injusta e que a melhor medicina é atender a essas desigualdades.

"A medicina é a mais humana das ciências e a mais científica das humanidades", proclamavam os professores da universidade sem saber a quem atribuir a frase ou o que fazer com ela.

De certa forma, foram essas biografias e os ensinamentos de alguns médicos humanistas que tive o privilégio de conhecer ao longo de minha carreira que me fizeram continuar meu caminho. Não porque eu acreditasse que poderia imitá-los, mas porque a medicina se apresentou para mim como uma forma de compreender a esfera humana. Por essa razão, este livro começa com um provérbio de Terêncio: "Sou humano, e nada do que é humano me é estranho", que ainda ouço na voz de meu pai — registrada como minha primeira lembrança — e que volta a me arrepiar a pele. Dele, de meu pai, meu melhor exemplo de médico humanista, aprendi as etimologias que povoam este livro, e que "doutor" vem do latim *docere*: "aquele que ensina ou foi ensinado". Esperando que o eco dessa palavra ressoe em suas páginas, escrevi este livro com um duplo objetivo: aprender sobre as questões que me obcecam e compartilhar essas obsessões.

Antes de ler os grandes divulgadores, como Oliver Sacks, V. S. Ramachandran ou Eric Kandel, eu não entendia que a lacuna entre a medicina e as humanidades era imaginária e poderia ser contornada. Como estudante, embarquei na tarefa de unir a dicotomia que até então tem sido minha vida: um amor ardente pela ciência e pela arte. Comecei com meu autor favorito — evidente neste livro —, cuja cegueira não tinha diagnóstico médico. Minha breve carreira como divulgador começou então com a poesia de Borges, que serviu de testemunho para construir uma história clínica e conjecturar um diagnóstico.

Vários anos depois da publicação daquele artigo na *Revista Mexicana de Oftalmologia*, recebi um e-mail de um professor de ciências da comunicação da Argentina que visitou Borges no início dos anos 1980. Estava trabalhando em uma compilação de entrevistas — não sei se ainda inéditas — que ele havia realizado durante suas visitas. Ele me enviou um fragmento no qual Borges falava de sua cegueira e acrescentou no e-mail — "Estou convencido de que este mundo é borgiano" — que poderia muito bem estar se referindo a mim. Na transcrição, Borges mencionava literalmente o diagnóstico do qual eu, como aluno, suspeitara. Quarenta anos depois de sua morte, o autor que me fez mergulhar no universo da literatura falava comigo e unia os dois caminhos que bifurcavam minha vida.

Desde então, estou convencido de que a ciência é a poesia do mundo e que a poesia é a ciência da existência. Escrevo estas palavras — mais para mim do que para potenciais leitores — não apenas para justificar estas páginas, mas também o caminho que escolhi e gostaria de continuar seguindo.

Berlim, 2024

Agradecimentos

Resignado ao fato de que toda lista implica uma omissão, quero agradecer às pessoas que tornaram este livro possível. Acima de tudo, quero agradecer à minha família, que, apesar da estranheza de muitas de minhas decisões, sempre foi um ponto de apoio e carinho. Ao meu pai, que me ensinou a maravilhar-me e a quem sigo como a um farol. À minha mãe, fonte de força e amor incondicional. À minha irmã, por me ouvir quando nem eu consigo me escutar. Aos meus amigos, que, não importando o meridiano, foram minha família em momentos de dúvida e angústia.

Obrigado a mestres como Romeo Tello, que me abriu as portas do mundo da literatura. A Luis Madrigal e Dalmau Costa, os críticos de minha adolescência para quem ainda escrevo. A Valeria Villalobos, por ser mais do que minha primeira editora e a quem agradeço pela permanência. A Houssem, por reavivar a chama da escrita. Muito obrigado a Carlos Chimal por me abrir o caminho da divulgação científica em sua revista *Mercurio Volante*, onde muitos dos temas deste livro tomaram forma. A Gerardo Herrera por ser, além de um apoio, um grande exemplo de cientista-escritor.

Muito obrigado a médicos docentes como Fernando Montiel e Erwin Störmer, que me ensinaram que a medicina é um ramo das humanidades. Ao professor Helmut Hildebrandt, por me acolher neste país metálico e permitir que eu fizesse parte de suas pesquisas. Minha dissertação de mestrado e nosso artigo conjunto são as sementes deste livro.

Quero agradecer enfaticamente ao meu agente Michael Gaeb, que, além de tornar Berlim uma cidade mais acolhedora, confiou em mim e neste projeto. O mesmo vale para América Gutiérrez, que nunca deixou de me incentivar. A toda a equipe editorial da Debate, pelo cuidado e dedicação a este livro, em especial a Miguel Aguilar, Andreu Barberán, Sergi Siendones, Ignasi Ruiz e Bárbara Fernández, por elevá-lo e materializá-lo.

Muito obrigado aos leitores que mergulharam às cegas neste livro; sem um primeiro leitor, não há um primeiro livro.

Notas

Introdução: Das pedras às telas [pp. 11-23]

1. R. Dart, "The Waterworn Australopithecine Pebble of Many Faces from Makapansgat". *South African Journal of Science*, v. 70, pp. 167-9, 1974.
2. R. Jenkins, A. J. Dowsett e A. M. Burton, "How Many Faces do People Know?". *Proceedings of the Royal Society B*, v. 285, n. 1888, 2018.
3. A. Albocino e A. Barto, "Progress in Perceptual Research: The Case of Prosopagnosia". *The Faculty Reviews*, v. 8, supl. 765, 31 maio 2019.
4. G. Akdeniz, A. Toker e I. Atli, "Neural Mechanisms Underlying Visual Pareidolia Processing: An MRI Study". *Pakistan Journal of Medical Sciences*, v. 34, n. 6, pp. 1560-6, 2018.
5. R. Bednarik, "The 'Australopithecine' Cobble from Makapansgat, South Africa". *The South African Archaeological Bulletin*, n. 53, pp. 4-8, 1998.
6. C. Linné, *Systema naturae: Regnum animale*. 10. ed. Leipzig: Sumptibus Guilielmi Engelmann, 1894, pp. 18 e 20.
7. M. Suntsova e A. Buzdin, "Differences between Human and Chimpanzee Genomes and Their Implications in Gene Expression, Protein Functions and Biochemical Properties of the Two Species". *BMC Genomics*, v. 21, supl. 7, 2020.
8. L. Hendry, "*Australopithecus afarensis*, Lucy's Species", Natural History Museum. Disponível em: <www.nhm.ac.uk/discover/australopithecus-afarensis-lucy-species.html>.
9. J. G. Fleagle et al. (Orgs.), *Out of Africa I: The First Hominin Colonization of Eurasia*. Dordrecht, Holanda: Springer, 2010. (Coleção Vertebrate Paleobiology and Paleoanthropology).
10. B. Handwerk, "An Evolutionary Timeline of *Homo sapiens*". *Smithsonian Magazine*, 2 fev. 2021. Disponível em: <www.smithsonianmag.com/science-nature/essential-timeline-understanding-evolution-homo-sapiens-180976807/>.

11. S. López, L. van Dorp e G. Hellenthal, "Human Dispersal Out of Africa: A Lasting Debate". *Evolutionary Bioinformatics*, v. 11, supl. 2, pp. 57-68, abr. 2016.
12. H. Dunning, "Neanderthals and Humans Had Ample Time for Interbreeding". Natural History Museum, 2014. Disponível em: <www.nhm.ac.uk/discover/news/2014/august/neanderthals-humans-ample-time--interbreeding>.
13. C. C. Sherwood, F. Subiaul e T. S. Zawidzki, "A Natural History of the Human Mind: Tracing Evolutionary Changes in Brain and Cognition". *Journal of Anatomy*, v. 212, n. 4, pp. 426-54, abr. 2008.
14. T. Zintel et al., "Astrocytes Drive Divergent Metabolic Gene Expression in Humans and Chimpanzees". *Genome Biology and Evolution*, v. 16, n. 1, evad239, jan. 2024.
15. F. Caron et al., "The Reality of Neandertal Symbolic Behavior at the Grotte du Renne, Arcy-sur-Cure, France". *PLoS ONE*, v. 6, n. 6, e21545, jun. 2011.
16. J. Krause, C. Lalueza-Fox, O. Orlando et al. "The Derived FOXP2 Variant of Modern Humans Was Shared with Neandertals". *Current Biology*, v. 17, n. 21, pp. 1908-12, nov. 2007.
17. C. C. Sherwood, F. Subiaul e T. S. Zawidzki, op. cit.
18. S. Rigaud, E. P. Rybin e A. M. Khatsenovich, "Symbolic Innovation at the Onset of the Upper Paleolithic in Eurasia Shown by the Personal Ornaments from Tolbor-21 (Mongolia)". *Scientific Reports*, v. 13, art. n. 9545, jun. 2023.
19. S. Alonso García, "Diese zwei Kunstwerke in Baden-Württemberg sind zwei der ältesten der Menschheit". *BW24*, 2023. Disponível em: <www.bw24.de/baden-wuerttemberg/baden-wuerttemberg-aelteste-kunstwerke-menschheit-geschichte-92731391>.
20. A. Pitarch Martí et al., "The Symbolic Role of the Underground World among Middle Paleolithic Neanderthals". *PNAS*, v. 118, n. 33, e2021495118, jun. 2021.
21. S. Alvarez, "Altamira Cave, Spain". Ancient Art Archive, 2 abr. 2021. Disponível em: <www.ancientartarchive.org/altamira-cave-spain/>.
22. A. A. Oktaviana, R. Johannes-Boyau e B. Hakim. "Narrative Cave Art in Indonesia by 51,200 Years Ago". *Nature*, v. 631, n. 8022, pp. 814-8, jul. 2024.
23. The Chauvet-Pont d'Arc Cave. *The Discovery*, Archéologie. Disponível em: <archeologie.culture.gouv.fr/chauvet/en/discovery>.
24. G. Crouch, "Chauvet Cave the Discovery of 36,000-Year-Old Art". Ancient Art Archive, 14 mar. 2021. Disponível em: <www.ancientartarchive.org/chauvet-pont-darc-36000-year-old-art/>.

25. J. Hammer, "Finally, the Beauty of France's Chauvet Cave Makes Its Grand Public Debut". *Smithsonian Magazine*, abr. 2015. Disponível em: <www.smithsonianmag.com/history/france-chauvet-cave-makes-grand-debut-180954582>.
26. P. Brooker e A. Thacker, *Geographies of Modernism: Literatures, Cultures, Spaces*. Londres: Routledge, 2005.

1. A linguagem dos deuses [pp. 25-41]

1. J. M. Rodríguez Arce e M. J. Winkelman, "Psychedelics, Sociality, and Human Evolution". *Frontiers in Psychology*, v. 12, art. n. 729425, set. 2021.
2. M. D. Merlin, "Archaeological Evidence for the Tradition of Psychoactive Plant Use in the Old World". *Economic Botany*, v. 57, n. 3, pp. 295-323, outono 2003.
3. L. Chapela, *Wixárika, un pueblo en comunicación*. Puebla, México: Secretaría de Educación Pública; Grupo Gráfico Editorial, 2014. Disponível em: <dgeiib.basica.sep.gob.mx/files/fondo-editorial/educacion-intercultural/cgeib_00079.pdf>.
4. A. T. Hernández Salazar e M. E. Pérez Cortés, "El arte wixárika: Un lenguaje visual para la defensa de su cultura". *Cuadernos del Centro de Estudios en Diseño y Comunicación*, n. 101, pp. 213-34, set. 2020.
5. Baseado em M. Murillo, "Territorios indígenas y planificación". *Revista Planeo*, n. 28, jun. 2016. Disponível em: <revistaplaneo.cl/2016/06/06/los-huicholes-en-su-arcaica-lucha-territorial-defendiendo-wirikuta-en-un-esquema-multicultural/>.
6. T. Hernández Salazar e M. E. Pérez Cortés, op. cit.
7. S. W. Fernberger, "Observations on Taking Peyote (Anhalonium Lewinii)". *The American Journal of Psychology*, v. 34, n. 1, pp. 267-70, jan. 1923.
8. A. Huxley, *Un mundo feliz*. Cidade do México: Tauro, 1978.
9. D. McCandless, "Dr. Albert Hofmann: The Father of LSD". *Independent* (ed. inglesa), 2006. Disponível em: <www.independent.co.uk/news/people/profiles/dr-albert-hofmann-the-father-of-lsd-6112179.html>. Acesso em: 31 jan. 2018.
10. W. A. Stoll, "Lysergsäure-diäthylamid, ein Phantastikum aus der Mutterkorngruppe". *Schweizer Archiv fur Neurologie und Psychiatrie*, n. 60, pp. 279-323, 1947.
11. C. Paolini, "Las puertas de la percepción: The Doors, Aldous Huxley y la mescalina". *The Objective*, 2017. Disponível em: <theobjective.com/further/lifestyle/2017-08-28/las-puertas-de-la-percepcion-the-doors-aldous-huxley-y-la-mescalina/>.

12. M. A. Lee e B. Shlain, *Acid Dreams: The Complete Social History of LSD: The CIA, The Sixties, and Beyond*. Nova York: Grove, 1985.
13. J. Hobbs, *The Medical History of Psychedelic Drugs*. Dissertação (Mestrado em História e Filosofia da Ciência). Department of History and Philosophy of Science, University of Cambridge, abr. 2007. Disponível em: <maps.org/images/pdf/history_of_psychedelics.pdf>.
14. J. Randerson, "Lancet Calls for LSD in Labs". *The Guardian*, 14 abr. 2006.
15. F. Vollenweider e M. Kometer, "The Neurobiology of Psychedelic Drugs: Implications for the Treatment of Mood Disorders". *Nature Reviews Neuroscience*, v. 11, n. 9, pp. 624-51, set. 2010.
16. M. de la Piedra Walter, "Frente a las puertas de la percepción: Los psicodélicos (y sus beneficios)". *Nexos. (Dis)capacidades*, 2018.
17. P. C. Bressloff, J. D. Cowan e P. J. Golubitsky, "Geometric Visual Hallucinations, Euclidean Symmetry and the Functional Architecture of Striate Cortex". *Philosophical Transactions of the Royal Society B*, v. 356, n. 1407, pp. 299-330, mar. 2001.
18. E. C. Kast e V. J. Collins, "Study of Lysergic Acid Diethylamide as an Analgesic Agent". *Anesthesia & Analgesia*, v. 43, n. 3, pp. 285-91, maio 1964.
19. L. Hemle et al., "Blood Flow and Cerebral Laterality in the Mescaline Model of Psychosis". *Pharmacopsychiatry*, v. 31, supl. 2, pp. 85-91, jul. 1998.
20. M. Pandya et al., "Where in the Brain is Depression?". *Current Psychiatry Reports*, v. 14, n. 6, pp. 634-42, dez. 2012.
21. R. M. Berman et al., "Antidepressant Effects of Ketamine in Depressed Patients". *Biological Psychiatry*, v. 47, n. 4, pp. 351-4, mar. 2000.
22. P.-Ø. Johansen e T. S. Krebs, "Psychedelics Not Linked to Mental Health Problems or Suicidal Behavior: A Population Study". *Journal of Psycopharmacology*, v. 29, n. 3, pp. 270-9, mar. 2015.
23. H. Kettner et al., "From Egoism to Ecoism: Psychedelics Increase Nature Relatedness in a State-Mediated and Context-Dependent Manner". *International Journal of Environmental Research and Public Health*, v. 16, n. 24, p. 5147, dez. 2019.
24. T. S. Krebs e P.-Ø. Johansen, "Psychedelics and Mental Health: A Population Study". *PLoS ONE*, v. 8, n. 8, e63972, ago. 2013.
25. L. Hernández Navarro, "Wirikuta y la minería devastadora". *La Jornada*, 8 fev. 2011.
26. X. Rangel, "El saqueo incontrolado del peyote y la destrucción cultural wixárika en San Luis Potosí". *El Universal*, 29 ago. 2022.

2. Dar a vida por um instante [pp. 43-58]

1. M. Vargas Llosa, Discurso Prêmio Nobel, 7 dez. 2010. Disponível em: <www.nobelprize.org/prizes/literature/2010/vargas_llosa/25185-mario--vargas-llosa-discurso-nobel/>.
2. J. L. Borges, *Borges oral & Sete noites*. Trad. de Heloisa Jahn. São Paulo: Companhia das Letras, 2008, p. 7.
3. C. Sagan, *Cosmos*. Temporada 1, episódio 11, "The Persistence of Memory", 1980. Disponível em: <www.youtube.com/watch?- v=-5nkpkg_sL8>.
4. J. Volpi, *Leer la mente: El cerebro y el arte de la ficción*. México: Alfaguara, 2011.
5. L. Winerman, "The Mind's Mirror". *Monitor on Psychology*, v. 36, n. 9, pp. 48-54, out. 2005. Disponível em: <www.apa.org/monitor/oct05/mirror>.
6. Ibid.
7. B. Korkmaz, "Theory of Mind and Neurodevelopmental Disorders of Childhood". *Pediatric Research*, v. 69, pp. 101-8, maio 2011.
8. V. S. Ramachandran, "Mirror Neurons and Imitation Learning as the Driving Force Behind the Great Leap Forward in Human Evolution". *Edge*, Conversation, maio 2000. Disponível em: <www.edge.org/conversation/vilayanur_ramachandran-mirror-neurons-and-imitation-learning-as-the--driving-force>.
9. L. M. Oberman e V. S. Ramachandran, "Broken Mirrors: A Theory of Autism". *Scientific American*, v. 295, n. 5, pp. 62-9, nov. 2006.
10. O. Hauk, I. Johnsrude e F. Pulvermüller, "Somatotropic Representation of Action Words in Human Motor and Premotor Cortex". *Neuron*, v. 41, n. 2, pp. 301-7, jan. 2004.
11. H. Miller, *Trópico de câncer*. Trad. de Beatriz Horta. Rio de Janeiro: José Olympio, 2017, p. 194.
12. W. Whitman, *Song to Myself, 51*. Disponível em: <poets.org/poem/song-myself-51>.
13. P. Ioli, "Dostoyevski, mucho más allá de la epilepsia". *Neurología Argentina*, v. 9, n. 4, pp. 203-9, out.-dez. 2017.
14. I. Iniesta, "La epilepsia en la gestación artística de Dostoievski". *Neurología*, v. 29, n. 6, pp. 371-8, jul.-ago. 2014.
15. Disponível em: <etimologias.dechile.net/?idio>.
16. A. Galimberti, "La salvación por la belleza: La obra de F. Dostoievski". *Teología y Vida*, v. 47, n. 4, pp. 457-77, dez. 2006.
17. E. J. Ewald, "The Mystery of Suffering: The Philosophy of Dostoevsky's Characters". *Trinity College Digital Repository*, 2011. Disponível em: <www.jstor.org/stable/community.34030576?seq=1>.

18. F. Dostoiévski, *O idiota*. Trad. de Paulo Bezerra. 4. ed. São Paulo: Ed. 34, 2015, p. 261.
19. Id., *A senhoria*. Trad. de Fátima Bianchi. 2. ed. São Paulo: Ed. 34, 2011, p. 28.
20. *Letters of Fyodor Michailovitch Dostoyevsky to his Family and Friends*. Trad. de Ethel Colburn Mayne. Londres: Legare Street, 2022, apud P. Ioli, op. cit.
21. H. Mattle e M. Mumenthaler, *Kurzlehrbuch: Neurologie*. Stuttgart: Thieme, 2001.
22. C. R. Baumann et al., "Did Fyodor Mikhailovich Dostoevsky Suffer from Mesial Temporal Lobe Epilepsy?". *Seizure*, v. 14, n. 5, pp. 324-30, jul. 2005.
23. M. Gschwind e F. Picard, "Ecstatic Epileptic Seizures — the Role of the Insula in Altered Self-Awareness". *Epileptology*, v. 31, pp. 87-96, 2014.
24. I. Cristofori, J. Bulbulia e J. Shaver, "Neural Correlates of Mystical Experience". *Neuropsychologia*, v. 80, supl. 4, pp. 212- 20, nov. 2015.
25. F. Dostoiévski, *O idiota*, op. cit., pp. 260-1.
26. C. Agustín Pavón, "De Cajal y Golgi: El descubrimiento de la neurona". *Investigación y Ciencia*, mar. 2015.
27. F. Dostoiévski, *Os irmãos Karamázov*. Trad. de Paulo Bezerra. São Paulo: Ed. 34, 2023, pp. 793-4.
28. M. Castillo, "The Sixth Dimension and God's Helmet". *American Journal of Neuroradiology*, v. 32, n. 10, pp. 1767-8, nov. 2011.
29. C. Simmonds-Moore et al., "Exceptional Experiences Following Exposure to a Sham 'God Helmet': Evidence for Placebo, Individual Difference, and Time of Day Influences". *Imagination, Cognition and Personality: Consciousness in Theory, Research, and Clinical Practice*, v. 39, n. 1, pp. 44-87, dez. 2017.
30. D. Tényi, C. Gyimesi, N. Kovács et al., "The Possible Role of the Insula in the Epilepsy and the Gambling Disorder of Fyodor Dostoyevsky". *Journal of Behavioral Addictions*, v. 5, n. 3, pp. 542-7, ago. 2016.

3. Ver a música e saborear as palavras [pp. 59-73]

1. "How Franz Liszt Became the World's First Rockstar". *NPR*, 2011. Disponível em: <www.npr.org/2011/10/22/141617637/how-franzliszt-became-the-worlds-first-rock-star>.
2. T. Judd, "Liszt's 'Les Préludes': The Birth of the Symphonic Poem". *The Listener's Club*. Disponível em: <thelistenersclub.com/2021/11/22/liszts-les-preludes-the-birth-of-the-symphonicpoem/>.
3. M. Zaraska, "Hear de Violet, Taste the Velvet". *Scientific American Mind*, v. 27, n. 6, pp. 64-9, nov.-dez. 2016.

4. G. Domino, "Synesthesia and Creativity in Fine Arts Students: An Empirical Look". *Creativity Research Journal*, v. 2, n. 1-2, pp. 17-29, 1989.
5. A. Ione e C. Tyler, "Neuroscience, History and the Arts. Synesthesia: Is F-Sharp Colored Violet?". *Journal of the History of the Neurosciences*, v. 13, n. 1, pp. 58-65, abr. 2004.
6. G. McBurney, "Wassily Kandinsky: The Painter of Sound and Vision". *The Guardian*, 24 jun. 2006.
7. Modern Art Influenced by Vision. Vision, Science and the Emergence of Modern Art. Institute for Dynamic Educational Advancement através de WebExhibits. Disponível em: <www.webexhibits.org/ colorart/ color.html>.
8. R. B. Miller, "Wassily Kandinsky's Symphony of Colors". *Denver Art Museum*, 19 mar. 2014. Disponível em: <www.denverartmuseum.org/en/blog/wassily-kandinskys-symphony-colors>.
9. C. Álvarez, "The Natural Laws of Children. Plasticity: For Better or Worse". Disponível em: <www.celinealvarez.org/en/plasticity-for-betteror--worse>. Nota: Cifras adaptadas ao Sistema Internacional de Unidades, no qual 1 bilhão equivale a 10^12.
10. K. Gill, "What Is Synaptic Pruning?". *Healthline*, 2018. Disponível em: <www.healthline.com/nutrition/11-brain-foods>.
11. V. S. Ramachandran e E. M. Hubbard, "Synaesthesia: A Window into Perception, Thought and Language". *Journal of Consciousness Studies*, v. 8, n. 12, pp. 3-34, nov. 2001.
12. L. E. Williams e J. A. Bargh, "Experiencing Physical Warmth Promotes Interpersonal Warmth". *Science*, v. 322, n. 5091, pp. 606-7, out. 2008.
13. A. Suzuki, "Rinsho shinkeigaku [Insula and Disgust]". *Clinical Neurology*, v. 50, n. 11, pp. 1000-2, nov. 2010.
14. N. Sadato, A. Pascual-Leone, J. Grafman et al., "Activation of the Primary Visual Cortex by Braille Reading in Blind Subjects". *Nature*, v. 380, n. 6574, pp. 526-8, abr. 1996.
15. I. Lepere, "James Holman, the 'Blind Traveller'". *JSTOR Daily*, 2024. Disponível em: <daily.jstor.org/james-holman-the-blindtraveller/>.
16. N. Stiles e S. Shimojo, "Auditory Sensory Substitution is Intuitive and Automatic with Texture Stimuli". *Scientific Reports*, v. 5, art. n. 15658, out. 2015.
17. N. Twilley, "Seeing with your Tongue. Onward and Upward with the Sciences". *The New Yorker*, 8 maio 2017. Disponível em: <www.newyorker.com/magazine/2017/05/15/seeing-with-your-tongue>.
18. A. Alfar et al., "Hearing Colors: An Example of Brain Plasticity". *Frontiers in Systems Neuroscience*, v. 14, n. 9, p. 56, abr. 2015.

19. "En la intimidad de Kandinski". Disponível em: <artsandculture. google.com/project/kandinsky>.
20. S. Jeffries, "Neil Harbisson: The World's First Cyborg Artist". *The Guardian*, 6 maio 2014. Disponível em: <www.theguardian.com/artanddesign/2014/may/06/neil-harbisson-worlds-first-cyborg-artist>.
21. N. Harbisson, "I Listen to Color", 2012. Disponível em: <www. ted.com/talks/neil_harbisson_i_listen_to_color>.

4. A matéria dos sonhos [pp. 75-88]

1. R. Tallis, "Zhuangzi and that Bloody Butterfly". *Philosophy Now*, n. 76, nov.-dez. 2009. Disponível em: <philosophynow.org/issues/76/Zhuangzi_And_That_Bloody_Butterfly>.
2. D. Rosselli, "Breve historia de los sueños". *Revista de Neurología*, v. 30, n. 2, pp. 195-8, jan. 2000.
3. M. Schredl, "History of Dream Research: The Dissertation 'Entstehung der Träume (Origin of Dreams)' of Wilhelm Weygangdt Published in 1893". *International Journal of Dream Research*, v. 3, n. 1, pp. 95-7, abr. 2010.
4. E. R. Kandel, *The Age of Insight: The Quest to Understand the Unconscious in Art, Mind, and Brain, from Vienna 1900 to the Present*. Nova York: Random House, 2012.
5. *La interpretación de los sueños de Sigmund Freud*. Isliada Libros, 2018. Disponível em: <www.isliada.org/libros/la-interpretacion-de-los-suenos/>.
6. S. Freud, *Letters of Sigmund Freud 1873-1939*. Nova York: Basic Books, 1960, pp. 448-9.
7. "André Breton en México, la nación surrealista". *Cultura Colectiva*, 2023. Disponível em: <culturacolectiva.com/arte/andre-breton-en-mexico-la-nacion-surrealista/>.
8. "Remedios Varo y Leonora Carrington: Una amistad estrecha, peculiar y surrealista". *Mexicana Cultura*. Disponível em: <mexicana.cultura.gob.mx/es/repositorio/x2b5egs060-1>.
9. R. Varo, *Remedios Varo: Cartas, sueños y otros textos*. Org. de Isabel Castells. México, D. F.: Universidad Autónoma de Tlaxcala, 1967.
10. P. Silva, "Comentario histórico artístico de Mujer saliendo del psicoanalista". *La Cámara del Arte*, 2021. Disponível em: <lacamaradelarte.com/obra/mujer-saliendo-del-psicoanalista/>.
11. I. Meyer, "Leonora Carrington: The Pioneer of Feminist Surrealism". *Art in Context*, 2023. Disponível em: <artincontext.org/leonora-carrington/>.
12. R. Tibol, "Remedios Varo: Apuntamientos y testimonios". *La Jornada*, 29 set. 2013.

13. J. Bozzone, "Entre lo místico y lo científico: El auge de las obras de Remedios Varo". *The New York Times*, 1 out. 2021.
14. "Cómo funciona el sueño: ¿Por qué es importante el sueño?". *National Heart, Lung and Blood Institute*, 2022. Disponível em: <www. nhlbi.nih.gov/es/salud/sueno/por-que-el-sueno-es-importante>.
15. C. Brown, "The Stubborn Scientist Who Unraveled a Mystery of the Night". *Smithsonian Magazine*, out. 2003. Disponível em: <www.smithsonianmag.com/science-nature/the-stubborn-scientistwho-unraveled-a-mystery-of-the-night-91514538/>.
16. D. W. Brown, "Crick and Mitchison's Theory of REM Sleep and Neural Networks". *Medical Hypotheses*, v. 40, n. 6, pp. 329- 31, jun. 1993.
17. D. M. Eagleman e D. A. Vaughn, "The Defensive Activation Theory: REM Sleep as a Mechanism to Prevent Takeover of the Visual Cortex". *Frontiers in Neuroscience*, v. 15, 20 maio 2021.
18. G. Bakhtiarova, "Surrealism in the American Soil: André Breton, Edward James and Others in the Jungle". *International Journal of Arts & Sciences*, v. 10, n. 2, pp. 415-20, 2017.

5. A outra face do mundo [pp. 89-105]

1. J. L. Borges, "El libro de arena", em *Cuentos completos*. México: Lumen, 2011.
2. Disponível em: <etimologias.dechile.net/?percibir#:~:text=La%20>.
3. "Neue Sachlichkeit", Kunstlexikon, Hatje Cantz Verlag. Disponível em: <www.hatjecantz.de/blogs/kunstlexikon/neue-sachlichkeit>.
4. H. Hildebrandt, C. Schütze, M. Ebke et al., "Visual Search for Item- and Array-Centered Locations in Patients with Left Middle Cerebral Artery Stroke". *Neurocase: The Neural Basis of Cognition*, v. 11, n. 6, pp. 416-26, dez. 2005.
5. A. Sarwar e P. D. Emmady, "Spatial Neglect". *StatPearls*, 2022.
6. P. Halligan et al., "Visuo-Spatial Neglect: Qualitative Differences and Laterality of Cerebral Lesion". *Journal of Neurology, Neurosurgery and Psychiatry*, v. 55, n. 11, pp. 1060-8, 1992.
7. P. Bartolomeo, "Visual Neglect". *Current Opinion in Neurology*, v. 20, n. 4, pp. 381-6, ago. 2007.
8. R. Parasuraman, *The Attentive Brain: Issues and Prospects*. Cambridge, Mass.: MIT Press, 1998.
9. W. Sturm, J. Reul e K. Willmes, "Is There a Generalized Right Hemisphere Dominance for Mediating Cerebral Activation? Evidence from a Choice Reaction Experiment with Lateralized Simple Warning Stimuli". *Neuropsychologia*, v. 27, n. 5, pp. 747-51, 1989.

10. E. Bisiach e C. Luzzatti, "Unilateral Neglect of Representational Space". *Cortex*, v. 14, n. 1, pp. 129-33, mar. 1978.
11. Baseado em D. Zuleger, "Left Side Neglect Following Stroke", 2018. Disponível em: <www.neurorehabdirectory.com/left-side-neglect-following-stroke-picture/>.
12. S. Knecht et al., "Handedness and Hemispheric Language Dominance in Healthy Humans". *Brain*, v. 123, n. 12, pp. 2512-8, dez. 2000.
13. T. J. Crow, "Schizophrenia as the Price that *Homo sapiens* Pays for Language: A Resolution of the Central Paradox in the Origin of the Species". *Brain Research Reviews*, v. 31, n. 2-3, pp. 118-29, mar. 2000.
14. D. Ketteler e S. Ketteler, "Is Schizophrenia 'the Price that *Homo sapiens* Pays for Language'? Subcortical Language Processing as the Missing Link between Evolution and Language Disorder in Psychosis. A Neurolinguistic Approach". *Journal of Neurolinguistics*, v. 23, n. 4, pp. 342-53, jul. 2010.
15. I. McGilchrist, *The Master and his Emissary: The Divider Brain and the Making of the Western World*. Londres; New Haven, CT: Yale University Press, 2019.
16. A. Vaddiparti, R. Huang, D. Blihar et al., "The Evolution of Corpus Callosotomy for Epilepsy Management". *World Neurosurg*, v. 145, pp. 455-61, jan. 2021.
17. D. A. Leinhard, "Roger Sperry's Split Brain Experiments (1959-1968)". *Embryo Project Encyclopedia*. Disponível em: <embryo.asu.edu/handle/10776/13035>.
18. E. H. F. de Haan, P. M. Corballis, S. A. Hillyard et al., "Split-Brain: What We Know Now and Why this Is Important for Understanding Consciousness". *Neuropsychology Review*, v. 30, n. 2, pp. 224-33, jun. 2020.
19. Baseado em D. Wolman, "The Split Brain: A Tale of Two Halves". *Nature*, v. 483, n. 7389, pp. 260-3, mar. 2012.
20. J. I. Castro-Macías, S. P. Pérez-Reyes, R. García-Cazarez et al., "Tolerabilidad y efectos adversos del propofol en la prueba de Wada". *Revista de Neurología*, v. 72, n. 5, pp. 151-6, mar. 2021.
21. N. A. Kacinik e C. Chiarello, "Understanding Metaphors: Is the Right Hemisphere Uniquely Involved?". *Brain and Language*, v. 100, n. 2, pp. 188-207, fev. 2007.
22. T. Cochrane, "A Case of Shared Consciousness". *Synthese*, v. 199, pp. 1019-37, jun. 2020.
23. H. Bäzner e M. G. Hennerici, "Painting after Right-Hemisphere Stroke — Case Studies of Professional Artists. Neurological Disorders in Famous Artists — Pt. 2". *Frontiers of Neurology and Neuroscience*, v. 22, pp. 1-13, 2007.
24. N. Wojcik, "Arte degenerado: Censura nazi del arte moderno". DW, 20 jul. 2017. Disponível em: <p.dw.com/p/2gu9W>.

6. As duas Fridas [pp. 107-20]

1. S. Espinoza e J. Ponce Martínez, *Frida Kahlo: Un camión y un tranvía que cambiaron su destino*. [S.l.]: Radbruk E&A, 2019.
2. "*El Camión*". Fundación Casa de México en España. Disponível em: <www.casademexico.es/frida-kahlo-alas-para-volar-el-camion/>.
3. "Frida Kahlo. La tragedia que comenzó el mito". *El Universal*, 2022. Disponível em: <interactivos.eluniversal.com.mx/2020/frida-kahlo-accidente/>.
4. V. Budrys, "Neurological Deficits in the Life and Works of Frida Kahlo". *European Neurology*, v. 55, n. 1, pp. 4-10, 2006.
5. S. M. Conaty, "Frida Kahlo's Body: Confronting Trauma in Art". *Journal of Humanities in Rehabilitation*, 2015. Disponível em: <www.jhrehab.org/2015/07/08/frida-kahlos-body-confronting-trauma-in-art/>.
6. J. Soto, "Así fue el accidente de autobús que hirió gravemente a Frida Kahlo". *El Universal*, 2020. Disponível em: <www.eluniversal.com.mx/cultura/frida-kahlo-asi-fue-el-accidente-de-autobus-que-lahirio-gravemente/>.
7. "Frida y el aborto". *Fundación Casa de México en España*, 2022. Disponível em: <www.casademexico.es/frida-kahlo-alas-para-volarfrida-y-el-aborto/>.
8. A. Ochoa, "Así fueron los últimos días de Frida Kahlo". *AD Magazine*, 10 jul. 2021. Disponível em: <www.admagazine.com/cultura/asi-fueron-los-ultimos-dias-de-frida-kahlo-20210711-8743-articulos>.
9. A. Kettenmann, *Frida Kahlo: 1907-1954. Dolor y pasión*. Colônia: Taschen, 2003.
10. V. Babbs, "Art Bites: Why Frida Kahlo Hated the French Surrealists". *Artnet*, 2024. Disponível em: <news.artnet.com/art-world/art-bites-frida-kahlo-hated-surrealists-2456251>.
11. A. Flores Soto, "Empresa extranjera, dueña única de la marca Frida Kahlo". *La Jornada*, 12 dez. 2021. Disponível em: <www.jornada.com.mx/notas/2021/12/12/cultura/empresa-extranjera-duena-unica-de-la-marca-frida-kahlo/>.
12. C. Oleg, "Resiliencia, un término muy repetido que no siempre se una correctamente". *The Conversation*, 18 set. 2023. Disponível em: <theconversation.com/resiliencia-un-termino-muy-repetido-que-no-siempre-se-usa-correctamente-208816>.
13. M. Lynch et al., "Resilience and Art in Chronic Pain". *Arts & Health: An International Journal for Research, Policy and Practice*, v. 5, n. 1, pp. 51-67, jun. 2012.
14. "Las palabras más buscadas en el diccionario durante la cuarentena". *Real Academia Española*, 2020. Disponível em: <www.rae.es/noticia/las-palabras-mas-buscadas-en-el-diccionario-durante-la-cuarentena>.

15. D. Fusaro, *Odio la resiliencia: Contra la mística del aguante*. Trad. de Juan Vivanco. Barcelona: El Viejo Topo, 2023.
16. Id., "Resiliencia, una palabra del Poder". *Posmodernia*, 30 mar. 2023. Disponível em: <posmodernia.com/resiliencia-una-palabra-del-poder/>.
17. A. R. Roeckner, K. I. Oliver, L. A. Lebois et al., "Neural Contributors to Trauma Resilience: A Review of Longitudinal Neuroimaging Studies". *Translational Psychiatry*, v. 11, n. 1, p. 508, out. 2021.
18. F. Toledo e F. Carso, "Neurobiological Features of Posttraumatic Stress Disorder (PTSD) and Their Role in Understanding Adaptive Behavior and Stress Resilience". *International Journal of Environment Research Public Health*, v. 19, n. 16, p. 10258, ago. 2022.
19. P. Solano Durán, "Alteración de la red de saliencia en el trastorno por estrés postraumático. Una revisión sistemática". *Revista Iberoamericana de Neuropsicología*, v. 5, n. 1, pp. 31-44, jan.-jun. 2022.
20. Y. Yan et al., "Suicide before and during the Covid-19 Pandemic: A Systematic Review with Meta-Analysis". *International Journal of Environmental Research and Public Health*, v. 20, n. 4, p. 3346, fev. 2023.
21. M. L. Pathirathna, H. M. Nandasena e A. M. Atapattu, "Impact of Covid-19 Pandemic on Suicidal Attempts and Death Rates: A Systematic Review". *BMC Psychiatry*, v. 22, n. 1, p. 506, jul. 2022.
22. T. Chiba, K. Ide, M. Murakami et al., "Event-Related PTSD Symptoms as a High-Risk Factor for Suicide: Longitudinal Observational Study". *Nature Mental Health*, v. 1, n. 12, pp. 1013-22, dez. 2023.
23. "Tree of Hope, Remain Strong, 1946 by Frida Kahlo". Disponível em: <www.fridakahlo.org/tree-of-hope.jsp>.
24. L. Velázquez, "Frida Kahlo: Nacida para no morir". *Clepsydra: Revista Internacional de Estudios de Género y Teoría Feminista*, n. 13, pp. 149-54, mar. 2015.

7. Ilhas de genialidade [pp. 121-37]

1. Discurso completo em: <aaspeechesdb.oscars.org/ link/052-1>.
2. J. L. Down, *On Some of the Mental Affections of the Childhood and Youth*. Londres: J. & A. Churchill, 1887. Disponível em: <archive.org/details/b21952619/page/n7/mode/2up>.
3. B. Brogaard, "Kim Peek, the Real Rain Man. The Superhuman Mind". *Psychology Today*, 11 dez. 2012. Disponível em: <www.psychologytoday.com/us/blog/the-superhuman-mind/201212/kimpeek-the-real-rain-man>.
4. A. Snyder et al., "Savant-Like Numerosity Skills Revealed in Normal People by Magnetic Pulses". *Perception*, v. 35, n. 6, pp. 837-45, 2006.

5. F. Happé e G. L. Wallace, "Savant Syndrome", em *Encyclopedia of Human Behavior*. Org. de Vilayanur S. Ramachandran. 2. ed. Cambridge, Mass: Academic Press, 2012.
6. D. A. Treffert, "The Savant Syndrome: An Extraordinary Condition. A Synopsis: Past, Present, Future". *Philosophical Transactions of the Royal Society*, v. 354, n. 1522, pp. 1351-7, maio 2009.
7. A. Wakefield, S. Murch, A. Anthony et al., "Ileal-Lymphoid-Nodular Hyperplasia, Non-Specific Colitis, and Pervasive Developmental Disorder in Children". *The Lancet*, v. 351, n. 9103, pp. 637-41, fev. 1998.
8. R. S. Sathyanarayana e C. Andrade, "The MMR Vaccine and Autism: Sensation, Refutation, Retraction and Fraud". *Indian Journal of Psychiatry*, v. 53, n. 2, pp. 95-6, abr. 2011.
9. A. Wakefield, "Statement from Dr. Andrew Wakefield: No Fraud. No Hoax. No Profit Motive". *PR Newswire*, 13 jan. 2011. Disponível em: <www.prnewswire.com/news-releases/statement-from-dr-andrew-wakefield--no-fraud-no-hoax-no-profit-motive-113454389.html>.
10. G. A. Poland e R. M. Jacobson, "The Age-Old Struggle against Antivaccinationists". *The New England Journal of Medicine*, v. 364, n. 2, pp. 97-9, jan. 2011.
11. C. Plauché e S. Myers, "Identification and Evaluation of Children with Autism Spectrum Disorder". *Pediatrics*, v. 120, n. 5, pp. 1183-215, 2007.
12. H. Tager-Flusberg, "Evaluating the Theory-of-Mind Hypothesis of Autism". *Current Directions in Psychological Science*, v. 16, n. 6, pp. 311-5, dez. 2007.
13. H. Hodges, C. Fealko e N. Soares, "Autism Spectrum Disorder: Definition, Epidemiology, Causes and Clinical Evaluation". *Translational Pediatrics*, v. 9, supl. 1, pp. S55-S56, fev. 2020.
14. "Pop art". Tate. Disponível em: <www.tate.org.uk/art/art-ter-ms/p/pop-art>.
15. "Exploring Campbell's Soup Cans by Andy Warhol". *Singulart*, 2024. Disponível em: <www.singulart.com/en/blog/2024/02/07/campbells-soup-cans-by-andy-warhol/>.
16. B. Gopnik, "Andy Warhol Offered to Sign Cigarettes, Food, Even Money to Make Money". *ArtNews*, 2020. Disponível em: <www.artnews.com/art-news/market/andy-warhol-business-art-blake-gopnik-biography-excerpt>.
17. N. Rosenthal, "Marcel Duchamp (1887-1968) Timeline of Art History". The MET Museum. Disponível em: <www.metmuseum.org/toah/hd/duch/hd_duch>.
18. I. James, "Autism and Art", em J. Bogousslavsky, M. G. Hennerici, H. Bäzner e C. Bassetti C. (Orgs.), *Neurological Disorders in Famous Artists*,

Part 3. Basileia: Karger, 2010, pp. 168-73 (Fronties of Neurology Neuroscience, v. 27); B. Radic, *Andy Warhol, Art & Autism: A Speculative Diagnosis of Neurodiversity*. [S.l.]: Boom, 2023.

19. Francis Whately (diretor), *Andy Warhol's America*, minissérie de TV, documentário, 180 min, Reino Unido, 2022.
20. A. Gingeras, "The Lives of the Artists. Beyond the Cult of Personality: The Emergence of Public Persona as an Artistic Medium". *History and Artists: From Challenge to Assimilation*. Disponível em: <pac.org.mx/uploads/sitac/pdf/08.-The-Lives-of-the- Artists.pdf>.
21. P. J. Shah et al., "Neurodevelopmental Disorders and Neurodiversity: Definition of Terms from Scotland's National Autism Implementation Team". *The British Journal of Psychiatry*, v. 221, n. 3, pp. 577-9, set. 2022.
22. J. Harris, "The Mother of Neurodiversity: How Judy Singer Changed the World". *The Guardian*, 5 jul. 2023. Disponível em: <www.theguardian.com/world/2023/jul/05/the-mother-of-neurodiversity-how-judy-singer-changed-the-world>.
23. P. J. Shah et al., op. cit.
24. J. Singer, *NeuroDiversity: The Birth of an Idea*. [S.l.]: Edição do autor, 2017.

8. Artistas marginalizados [pp. 139-54]

1. G. Becker, "The Association of Creativity and Psychopathology: Its Cultural-Historical Origins". *Creativity Research Journal*, v. 13, n. 1, pp. 45-53, jan. 2001.
2. I. R. Reddy et al., "Creativity and Psychopathology: Two Sides of the Same Coin?". *Indian Journal Psychiatry*, v. 60, n. 2, pp. 168-74, abr.-jun. 2018.
3. B. Labatut, *Quando deixamos de entender o mundo*. Trad. de Paloma Vidal. São Paulo: Todavia, 2022.
4. P. Olivos, "La mente delirante. Psicopatología del delirio". *Revista Chilena de Neuro-Psiquiatría*, v. 47, n. 1, pp. 67-85, mar. 2009.
5. J. Dubuffet, "L'art brut préféré aux arts culturels [1949]". Edição especial: *Art Brut: Madness and Marginalia*, *Art & Text*, n. 27, pp. 31-3, 1988.
6. V. M. Espinosa, "Martín Ramírez: Arte en los márgenes de la sociedad y la locura". *Alternativas: Revista de Estudos Culturais Latino-Americanos*, n. 8, 2018.
7. Id., "Martín Ramírez". *Revista Letras Libres*, 29 fev. 2008. Disponível em: <letraslibres.com/revista-mexico/martin-ramirez/>.
8. A. Carota et al., "Understanding Van Gogh's Night: Bipolar Disorder", em J. Bogousslavsky e F. Boller (Orgs.), *Neurological Disorders in Famous Artists*. Basileia: Karger, 2005, pp. 121-31. (Frontiers of Neurology and Neuroscience, v. 19).

9. W. A. Nolen, E. van Meekeren, P. Voskuil et al., "New Vision on the Mental Problems of Vincent van Gogh; Results from a Bottom-Up Approach Using (Semi-)Structured Diagnostic Interviews". *International Journal of Bipolar Disorders*, v. 8, n. 1, p. 30, nov. 2020.
10. D. Degmecic, "Schizophrenia and Creativity". *Psychiatria Danubina*, v. 30, supl. 4, pp. 224-7, jun. 2018.
11. S. B. Kaufman, "How is Creativity Differentially Related to Schizophrenia and Autism". *Scientific American*, 2015. Disponível em: <blogs.scientificamerican.com/beautiful-minds/how-is-creativity-differentially-related-to-schizophrenia-and-autism/>.
12. M. Friedman, "Creativity and Madness: Are They Inherently Linked?". *Huffpost*, 2012. Disponível em: <www.huffpost.com/entry/creativity-madness_b_1463887>.
13. A. Dietrich, "The Mythconception of the Mad Genius". *Frontiers in Psychology*, v. 5, n. 79, fev. 2014.
14. S. Plous, *The Availability Heuristic: The Psychology of Judgement and Decision Making*. Nova York: McGraw-Hill, 1993.
15. S. LaFee, "Odds and Ends. Eventually, Everybody's Number Comes Up". *The San Diego Union-Tribune*, 25 fev. 2004.
16. J. L. Borges, "A cegueira", em *Borges oral & Sete noites*, p. 148.

9. Cérebro em chamas [pp. 155-74]

1. T. F., "La despedida de Virginia Woolf: Una carta de suicidio, piedras y un adiós". *El Confidencial*, 25 jan. 2018.
2. A. Álvarez, *El Dios salvaje: Ensayo sobre el suicidio*. Trad. de Marcelo Cohen. Santiago de Chile: Hueders, 2014.
3. A. Sexton, "Vontade de morrer", em *Compaixão*. Trad. de Bruna Beber. Belo Horizonte: Relicário, 2023, p. 93.
4. A. Camus, *El mito de Sísifo*. Madri: Alianza, 1985.
5. A. Wisłowska-Stanek, K. Kołosowska e P. Maciejak, "Neurobiological Basis of Increased Risk for Suicidal Behaviour". *Cells*, v. 10, n. 10, p. 2519, set. 2021.
6. M. V. Boeira, G. A. Berni, I. C. Passos et al., "Virginia Woolf, Neuroprogression, and Bipolar Dirsorder". *Brazilian Journal of Psychiatry*, v. 39, n. 1, pp. 69-71, jan.-mar. 2017.
7. X. Gonda et al., "How to Save a Life: From Neurobiological Underpinnings to Psychopharmacotherapies in the Prevention of Suicide". *Pharmacology and Therapeutics*, v. 44, art. n. 108390, abr. 2023.
8. V. Woolf, *Moments of Being*. Org. de J. Schulkind. Nova York: Harcourt Brace Jovanovich, 1985.

9. Id., *Um esboço do passado*. Trad. de Ana Carolina Mesquita. São Paulo: Nós, 2020, pp. 18-9.
10. H. McKennet, "'I Am Going Mad Again': The Tragic Tale of Virginia Woolf 's Suicide". *All That's Interesting*, 2024. Disponível em: <allthatsinteresting.com/virginia-woolf-suicide-note-death>.
11. S. Plath, "Paizinho", em *Poesia reunida*. Trad. de Marília Garcia. São Paulo: Companhia das Letras, 2023, p. 132.
12. C. Crowther, "On the Friendship and Rivalry of Sylvia Plath and Anne Sexton". *Literary Hub*, 2021. Disponível em: <lithub.com/on-the-friendship-and-rivalry-of-sylvia-plath-and-anne-sexton/>.
13. A. Sexton, "A morte de Sylvia", em *Compaixão*, op. cit., pp. 87-9.
14. Ibid., "Fulanas", p. 28.
15. H. Hendin, "The Suicide of Anne Sexton". *Suicide and Life-Threatening Behavior*, v. 23, pp. 257-62, outono 1993.
16. A. Sexton, "Remadura", em *Compaixão*, op. cit., p. 205.
17. N. T. Bazin, "Postmortem Diagnoses of Virginia Woolf's 'Madness': The Precarious Quest of Truth", em Branimir M. Rieger, *Dionysus in Literature: Essays on Literary Madness*. Bowling Green, Kentucky: Bowling Green State University Popular Press, 1994, pp. 133-47. Disponível em ODU Digital Commons: <digitalcommons.odu.edu/cgi/viewcontent.cgi?article=1142&context=english_fac_pubs>.
18. S. Plath, "Lady Lazarus", em *Poesia reunida*, op. cit., p. 41.
19. E. Bullmore, *The Inflamed Mind: A Radical New Approach to Depression*. Londres: Short Books, 2018.
20. C. Pryce et al., "Depression in Autoimmune Diseases". *Current Topics in Behavior Neurosciences*, v. 31, pp. 139-54, 2017.
21. G. Arango Duque e A. Descoteaux, "Macrophage Cytokines: Involvement in Immunity and Infectious Diseases". *Frontiers in Immunology*, v. 5, p. 491, out. 2014.
22. R. Haapakoski et al., "Cumulative Meta-Analysis of Interleukins 6 and 1-Beta, Tumor Necrosis Factor-Alpha and C-Reactive Protein in Patients with Major Depressive Disorder". *Brain, Behavior, and Immunity*, v. 49, pp. 206-15, out. 2015.
23. A. Danese, T. E. Moffitt, H. Harrington et al., "Adverse Childhood Experiences and Adult Risk Factor for Age-Related Disease: Depression, Inflammation and Clustering of Metabolic Risk Markers". *Archives of Pediatric and Adolescent Medicine*, v. 163, n. 12, pp. 1135-43, dez. 2009.
24. Wisłowska-Stanek, K. Kołosowska e P. Maciejak, op. cit.
25. J. J. Carballo, C. P. Akamnonu e M. A. Oquendo, "Neurobiology of Suicidal Behavior. An Integration of Biological and Clinical Findings". *Archives of Suicide Research*, v. 12, n. 2, pp. 93-110, 2008.

26. "Nicholas Hughes, Son of Sylvia Plath and Ted Hughes, Commits Suicide". *The Telegraph*, 23 mar. 2009.
27. S. Plath, "Nick e o castiçal", em *Poesia reunida*, op. cit., p. 94.
28. N. R. Wray, S. Ripke, M. Mattheisen et al., "Genome-Wide Association Analyses Identify 44 Risk Variants and Refine the Genetic Architecture of Major Depressive". *Nature Genetics*, v. 50, n. 5, pp. 668-81, maio 2018.
29. W. Liu, M. Yan, Y. Liu et al., "Olfactomedin 4 Down-Regulates Innate Immunity against Helicobacter Pylori Infection". *Proceedings of the National Academy of Sciences*, v. 107, n. 24, pp. 11056-61, jun. 2010.
30. T. F., op. cit.
31. S. Plath, "Limite", em *Poesia reunida*, op. cit., pp. 202-3.

10. A sombra da memória [pp. 175-92]

1. F. de Quevedo, *Obra poética*. t. 1. Org. de José Manuel Blecua Teijeiro. Madri: Castalia, 1969-71, p. 657.
2. L. Suzán de Vit, "El arte de la memoria". *Ciencias*, n. 49, pp. 38-44, jan.-mar. 1998.
3. Plínio, o Velho, *The Historie of the World, Commonly Called the Naturall Historie of C. Plinius Secundus*. Trad. de Philemon Holland. Disponível em: <archive.org/details/historyworldIPlin/page/ n7/mode/2up>.
4. J. L. Borges, "Funes, o memorioso", em *Ficções*. Trad. de Davi Arrigucci Jr. São Paulo: Companhia das Letras, 2005, p. 87.
5. R. Quiroga, "Funes the Memorious and Other Cases of Extraordinary Memory". *The MIT Press Reader*. Disponível em: <thereader.mitpress.mit.edu/borges-memory-funes-the-memorious/>.
6. L. Mecacci, "Solomon V. Shereshevsky: The Great Russian Mnemonist". *Cortex*, v. 49, n. 8, pp. 2260-3, set. 2013.
7. Ibid.
8. A. L. Luria, *The Mind of a Mnemonist. A Little Book about a Vast Memory*. Trad. de Lynn Solotaroff. Nova York; Londres: Basic Books, 1968, p. 82.
9. R. Johnson, "The Mystery of S., The Man with an Impossible Memory". *The New Yorker*, 12 ago. 2017.
10. G. Zlotnik e A. Vansintjan, "Memory: An Extended Definition". *Frontiers in Psychology*, v. 10, p. 2523, nov. 2019.
11. S. Mujawar et al., "Memory: Neurobiological Mechanisms and Assessment". *Industrial Psychiatry Journal*, v. 30, supl. 1, pp. S311-S314, out. 2021.
12. E. Camina e F. Güell, "The Neuroanatomical, Neurophysiological and Psychological Basis of Memory: Current Models and Their Origins". *Frontiers in Pharmacology*, v. 8, p. 438, jun. 2017.

13. V. Santangelo, C. Cavallina, P. Colucci et al., “Enhanced Brain Activity Associated with Memory Access in Highly Superior Autobiographical Memory”. *Proceedings of the National Academy of Sciences*, v. 115, n. 30, pp. 7795-800, jul. 2018.
14. R. H. Dossani, S. Missios e A. Nanda, “The Legacy of Henry Molaison (1926-2008) and the Impact of His Bilateral Mesial Temporal Lobe Surgery on the Study of Human Memory”. *World Neurosurgery*, v. 84, n. 4, pp. 1127-35, out. 2015.
15. L. Dittrich, “The Brain that Couldn’t Remember”. *The New York Times Magazine*, 3 ago. 2016. Disponível em: <www.nytimes.com/2016/08/07/magazine/the-brain-that-couldnt-remember.html>.
16. T. Adams, “Henry Molaison: The Amnesiac We’ll Never Forget”. *The Guardian*, 5 maio 2013. Disponível em: <www.theguardian.com/science/2013/may/05/henry-molaison-amnesiac-corkin-book-feature>.
17. S. Frantz, “Permanent Present Tense: The Unforgettable Life of the Amnesic Patient, H.M., de Suzanne Corkin”. Resenha literária. American Psychological Association, 2013.
18. V. Hughes, “After Death, H.M.’s Brain Uploaded to the Cloud”. *National Geographic*, 28 jan. 2014. Disponível em: <www.nationalgeographic.com/science/article/after-death-h-m-s-brain-is-uploaded-to-the-cloud>.
19. J. Pantel, “Alzheimer-Demenz von Auguste Deter bis heute”. *Zeitschrift für Gerontologie und Geriatrie*, v. 50, n. 7, pp. 576-87, out. 2017.
20. “Dementia Statistics. Alzheimer’s Disease International”. Disponível em: <www.alzint.org/about/dementia-facts-figures/dementia-statistics/>.
21. “Alzheimer’s Disease Facts and Figures”. Alzheimer’s Association, 2024. Disponível em: <www.alz.org/alzheimer-demencia/datos-y-cifras>.
22. H. Jahn, “Memory Loss in Alzheimer’s Disease”. *Dialogues Clinical Neurosciences*, v. 15, n. 4, pp. 445-54, dez. 2013.
23. M. Reitz, “Alzheimer Disease: Epidemiology, Diagnostic Criteria, Risk Factors and Biomarkers”. *Biochemical Pharmacology*, v. 88, n. 4, pp. 640-51, abr. 2014.
24. H. Jahn, op. cit.
25. C. Macmillan, “Lecanemab, the New Alzheimer’s Treatment”. *Yale Medicine News*, 2023. Disponível em: <www.yalemedicine.org/news/lecanemab-leqembi-new-alzheimers-drug>.
26. J. Scheena e S. Tonegawa, “Memory Engrams: Recalling the Past and Imagining the Future”. *Science*, v. 367, n. 6473, eaaw4325, jan. 2020.
27. J. Scheena, S. Köhler e P. Frankland, “Finding the Engram”. *Nature Reviews Neuroscience*, v. 16, n. 9, pp. 521-34, set. 2015.
28. K. Savoie, “The Optogenetics Revolution. Illuminating the Brain’s Black Box”. *Columbia Medicine Magazine*, 2014. Disponível em: <www.

vagelos.columbia.edu/about-us/columbia-medicine-magazine/archives/spring-summer-2014/featured-stories/optogenetics-revolution>.

29. T. J. Ryan e P. W. Frankland, “Forgetting as a Form of Adaptive Engram Cell Plasticity”. *Nature Reviews Neuroscience*, v. 23, n. 3, pp. 173-86, mar. 2022.
30. S. Ramirez, X. Lui, P-A. Lin et al., “Creating a False Memory in the Hippocampus”. *Science*, v. 341, n. 6144, pp. 387-91, jul. 2013.
31. B. Straube, “An Overview of the Neuro-Cognitive Processes Involved in the Encoding, Consolidation, and Retrieval of True and False Memories”. *Behavioral and Brain Functions*, v. 8, p. 35, jul. 2012.
32. J. L. Borges, “Otro poema de los dones”, em *Poesía completa*. Barcelona: Lumen, 2011.
33. Id., “¿Por qué no escribe novelas?”. Coleção Estimulando la Escritura, do Ministério da Educação da Colômbia. Disponível em: <redaprende.colombiaaprende.edu.co/metadatos/recurso/por-que-no-escribe-novelas--jorge-luis-borges>.
34. S. Campos, “El golpe en la cabeza de Borges que cambió la historia de la literatura”. *La Razón*, 26 fev. 2024. Disponível em: <www.larazon.es/cultura/literatura/golpe-cabeza-borges-que-cambio-historia-literatura_2024022665dc53a74129260001d8f00f.html>.
35. J. L. Borges, “H. O.”, em *Poesía completa*, op. cit.

11. Em que as máquinas pensam? [pp. 193-211]

1. S. Vargas, “La historia del prestigioso Salón de París (y los artistas radicales que se rebelaron contra él)”. *My Modern Met*, 27 ago. 2021. Disponível em: <mymodernmet.com/es/salon-paris-historia/>.
2. M. Israel, “The First Modern Painting”. *Artsy Magazine*, 6 fev. 2014. Disponível em: <www.artsy.net/article/matthew-the-first-modern-painting>.
3. *Émile Zola* (1867), por Édouard Manet. Et lps 91.
4. K. Roose, “An AI-Generated Picture Won an Art Prize. Artists Aren’t Happy”. *The Nova York Times*, 2 set. 2022.
5. S. Kuta, “Art Made with Artificial Intelligence Wins at State Fair”. *Smithsonian Magazine*, 6 set. 2022. Disponível em: <www.smithsonianmag.com/smart-news/artificial-intelligence-art-wins-colorado-state-fair-180980703/>.
6. A. Kenney, “Jason Allen’s AI Art Won the Colorado Fair — but Now the Feds Say It Can’t Get a Copyright”. *CPR News*, 6 set. 2023, <www.cpr.org/2023/09/06/jason-allens-ai-art-won-colorado-fair-feds--deny-copyright-protection/>.
7. Etimologia disponível em: <etimologia.com/arte/>.

8. S. Ramos, “La estética de R. G. Collingwood”. *Diánoia*, n. 5, pp. 135-49, 1959.
9. R. Whiddington, “The French Collective Obvious Has Become One of the First A. I. Artists to Receive Gallery Representation”. *Artnet*, 2022. Disponível em: <news.artnet.com/market/french-collective-obvious- becomes-one-of-the-first-a-i-artists-to-receive-gallery-representation-2202005>.
10. “Art and AI Interview with Raphaël Millière”, em *Overthink Podcast*, 2023.
11. C. Baudelaire, “The Salon of 1859”, apud T*he Mirror of Art: Critical Studies by Charles Baudelaire*. Sel., trad., org. e notas de Jonathan Mayne. Nova York: Phaidon, 1955.
12. Ibid.
13. “Ada Lovelace and the First Computer Programme in the World”. *Max-Planck-Gesellschaft*. Disponível em: <www.mpg.de/female-pioneers-of-science/Ada-Lovelace>.
14. L. de Cosomo, “Google Engineer Claims AI Chatbot Is Sentient: Why It Matters”. *Scientific American*, 2022.
15. S. Russell, *Human Compatible: Artificial Intelligence and the Problem of Control*. Londres: Penguin, 2019. [Ed. bras.: *A inteligência artificial a nosso favor: Como manter o controle sobre a tecnologia*. São Paulo: Companhia das Letras, 2021.]
16. Ibid.
17. V. Balasubramanian, “Brain Power”. *Proceedings of the National Academy of Sciences*, v. 118, n. 32, e2107022118, ago. 2021.
18. R. Millière e S. Carroll, “How Artificial Intelligence Thinks”. *Sean Carroll Mindscape Podcast*, 2023.
19. E. Finkel, “If AI Becomes Conscious, How Will We Know?”. *Science*, 22 ago. 2023. Disponível em: <www.science.org/content/article/if-ai-becomes- conscious-how-will-we-know>.
20. A. M. Goldfine e N. D. Schiff, “Consciousness: Its Neurobiology and the Major Classes of Impairment”. *Neurologic Clinics*, v. 29, n. 4, pp. 723-37, nov. 2011.
21. S. Carroll, “Solo: AI Thinks Different”. *Sean Carroll Mindscape Podcast*, 2023.
22. A. K. Seth e T. Bayne, “Theories of Consciousness”. *Nature Reviews Neuroscience*, v. 23, n. 7, pp. 439-52, jul. 2022.

12. Decifrando a teia de prata [pp. 213-23]

1. O. F. Campohermoso, R. Soliz e O. Campohermoso, “Herófilo y Erasístrato, Padres de la Anatomía”. *Cuadernos del Hospital de Clínicas*, v. 54, n. 2, pp. 137-40, 2009.
2. A. I. Gómez et al., “Necroética: El cuerpo muerto y su dignidad póstuma”. *Aesthetika*, v. 16, 2020.
3. O. F. Campohermoso et al., “A 480 años de la publicación del libro de Andreas Vesalius: De Humani Corporis Fabrixa Libri Septem”. *Cuadernos del Hospital de Clínicas*, v. 64, n. 2, pp. 93-101, 2023.
4. M. García Guerrero, “Medicina y arte. La revolución de la anatomía en el Renacimiento”. *Revista Científica de la Sociedad Española de Enfermería Neurológica*, v. 35, n. 1, pp. 25-7, 2012.
5. Paraninfo de la Universidad de Zaragoza, Ayuntamiento de Zaragoza. Disponível em: <www.zaragoza.es/sede/servicio/equipamiento/12238>.
6. L. Arnedo, “El pequeño pueblo navarro con 28 habitantes que está en Aragón y fue cuna de un Premio Nobel”. *Heraldo de Aragón*, 6 fev. 2024. Disponível em: <www.heraldo.es/noticias/viajes/2024/02/06/petilla-aragon-pueblo-pequeno-navarra-cuna-premio-nobel-1699193.html>.
7. J. P. Hernández e Justo Ramón Casasús. Real Academia de la Historia. Disponível em: <dbe.rah.es/biografias/36460/justo-ramon-casasus>.
8. A. Bernardo, “El nobel encarcelado a los once años”. *Jot Down*. Disponível em: <www.jotdown.es/2016/11/nobel-encarcelado-los-once-anos/>.
9. L. Palacios et al., “Santiago Ramón y Cajal, neurocientífico y pintor”. *Acta Neurológica Colombiana*, v. 31, n. 4, pp. 454-61, 2015.
10. J. Callabed, “Silveria Fañanás, el sustento de Ramón y Cajal”. *La Vanguardia*, 5 jan. 2023, <www.lavanguardia.com/participacion/cartas/20230105/8667074/silveria-fananas-sustento-ramon-cajal.html >.
11. H. W. Turnbull, *The Correspondence of Isaac Newton: 1661-1675*. v. 1. Londres: Royal Society at the University Press, 1959, p. 416.
12. F. Henderson, “Hooke, Newton, and the ‘Missing’ Portrait”. *The Royal Society*, 2010. Disponível em: <www.royalsociety.org/blog/2010/12/hooke-newton-and-the-missing-portrait/>.
13. K. Crouvisier-Urion, J. Chanut, A. Lagorce et al., “Four Hundred Years of Cork Imaging: New Advances in the Characterization of the Cork Structure”. *Nature Scientific Reports*, v. 9, n. 1, art. n. 19682, dez. 2019.
14. “Teoría celular”, *Diccionario Médico*, Clínica Universidad de Navarra. Disponível em: <www.cun.es/diccionario-medico/terminos/teoria-celular>.
15. B. Seal, “A Cold Day in Stockholm”. *Distillations Magazine*, Science History Institute Museum Library, 28 set. 2023. Disponível em: <www.sciencehistory.org/stories/magazine/a-cold-day-in-stockholm/>.

16. W. Mendelson, *The Battle over the Butterflies of the Soul: Camillo Golgi, Santiago Ramón y Cajal and The Birth of Neuroscience*. Turnhout, Bélgica: Pythagoras, 2023.
17. "Ramón y Cajal, S. Recuerdos de mi vida. Historia de mi labor científica. Capítulo XXII". Disponível em: <cvc.cervantes.es/ciencia/cajal/cajal_recuerdos/recuerdos/labor_22.htm>.

Créditos das imagens

Capa e quarta-capa

Bastian, H. Charlton, *O cérebro como órgão da mente*, 1896. Imagem original de domínio público da Wikipédia. Aperfeiçoada digitalmente por rawpixel.
Edgard Duvivier, *Clarice Lispector*, 2016. Monumento na cidade do Rio de Janeiro, Brasil. Inventário dos Monumentos RJ ID: 502/ CC BY 4.0. Disponível em: <upload.wikimedia.org/wikipedia/commons/5/55/Clarice_Lispector_-_Rio_de_Janeiro_-_20230912065334.jpg>.
Fiódor Dostoiévski por Leopold Bernstamm (GRM). Foto: Wikipedia/ Shakko/ Sofia Bagdasarova/ CC BY-SA 3.0. Disponível em: <commons.wikimedia.org/wiki/File:Fedor_Dostoevskiy_by_Leopold_Bernstamm_(GRM).jpg>.
Franz Kafka com cerca de treze anos.
Franz Liszt, Trecho da primeira edição da *Rapsódia Húngara nº 9, S. 244*, 1847.
Frida Kahlo, *Autorretrato com macacos*, 1930.
Hilma af Klint, *Altarpiece, No. 1*, 1915. Obra licenciada sob CC BY 4.0. Disponível em: <arteidolia.com/spiritualism-aesthetics/>.
Jorge Luis Borges em 1975. Foto: Roberto Pera.
Marcel Duchamp, *A fonte*, 1917. Foto: spDuchamp/ CC BY 2.0. Disponível em: <flickr.com/photos/duchamp/28365079/>.
Otto Dix em 1929. Foto: Hugo Erfurth.
Pintura antiga em uma caverna perto de Hermon, publicada em 1897 por Frédéric Christol (1850-1933). Arquivo da Biblioteca Pública de Nova York. Aperfeiçoada digitalmente por rawpixel.
Santiago Ramón y Cajal, *Células*, c. 1900.
Seixo de Makapansgat. Foto: William Julius Allen/ CC BY 2.0. Disponível em: <flickr.com/photos/woodpainter/>.
Sylvia Plath em 1953. Foto: The Boston Globe/ Associated Press.
Vincent van Gogh, *Noite estrelada*, 1889.
Virginia Woolf em 1902. Foto: Charles Beresford.

Imagens de miolo

p. 12: Robert G. Bednarik/ Paleoarte Pleistocena da África, Arts 2013, 2(1), 6-34. Disponível em: <doi.org/10.3390/arts2010006>.
p. 21: Andia/ Alamy/ Fotoarena.
p. 83: Schalkwijk/ Art Resource, NY/ © Varo Uranga, Remedios/ AUTVIS, Brasil, 2025.
p. 103: [à esq.] akg-images/ Album/ Fotoarena/ © Dix, Otto/ AUTVIS, Brasil, 2025; [à dir.] BPK/ Sprengel Museum Hannover, Kunstbesitz der Landeshauptstadt Hannover/ Herling/ Gwose/ Werner/ © Dix, Otto/ AUTVIS, Brasil, 2025.
p. 110: Erich Lessing/ Album.
p. 149: Vincent van Gogh, *At Eternity's Gate*, 1890. Foto: Golden Artists/ Wikipedia.
p. 195: Édouard Manet, *O almoço na relva*, 1863. Foto: Paris16/ Wikipedia.
p. 215: Andreas Vesalius, *De humani corporis fabrica libri septem*, 1543. Fonte: Coleção Wellcome.
p. 219: Robert Hooke, *Micrographia*, 1665. Project Gutenberg. Disponível em: <gutenberg.org/files/15491/15491-h/images/scheme-11.png>.
p. 222: Santiago Ramón y Cajal. Fonte: Wikipedia/ Coleção Wellcome.

Todos os esforços foram feitos para encontrar os detentores de direitos autorais das imagens incluídas neste livro. Em caso de eventual omissão, a Todavia terá prazer em corrigi-la em edições futuras.

Mentes geniales: Cómo funciona el cerebro de los artistas
© Mario de la Piedra Walter, 2025. Publicado mediante acordo com Gaeb & Eggers Agência Literária e LVB & Co. Agência Literária. Venda proibida em Portugal, Angola, Moçambique, Macau, São Tomé e Princípe, Cabo Verde e Guiné-Bissau.

Todos os direitos desta edição reservados à Todavia.

Grafia atualizada segundo o Acordo Ortográfico da Língua Portuguesa de 1990, que entrou em vigor no Brasil em 2009.

capa
Filipa Damião Pinto | Estúdio Foresti Design
tratamento de imagens
Carlos Mesquita
preparação
Jane Pessoa
revisão
Huendel Viana
Gabriela Marques Rocha

Dados Internacionais de Catalogação na Publicação (CIP)

Walter, Mario de la Piedra (1991-)
Mentes geniais : Como funciona o cérebro dos artistas / Mario de la Piedra Walter ; tradução Silvia Massimini Felix. — 1. ed. — São Paulo : Todavia, 2025.

Título original: Mentes geniales: Cómo funciona el cerebro de los artistas
ISBN 978-65-5692-895-1

1. Neurociência. 2. Loucura — artistas. 3. Arte.
I. Felix, Silvia Massimini. II. Título.

CDD 150.195

Índice para catálogo sistemático:
1. Neurociência 150.195

Bruna Heller — Bibliotecária — CRB 10/2348

todavia
Rua Fidalga, 826
05432.000 São Paulo SP
T. 55 11 3094 0500
www.todavialivros.com.br

fonte
Register*
papel
Pólen natural 80 g/m²
impressão
Geográfica

FSC
www.fsc.org
MISTO
Papel | Apoiando
o manejo florestal
responsável
FSC® C019498